AF617548

Sobre ruinas, poesías y relatos

Aitor Yraola

Primera edición: mayo, 2024
Segunda edición: febrero, 2025

Rapitbook Editorial
07009 Palma de Mallorca
www.rapitbook.com

ISBN: 978-84-128748-5-3
Autor: Aitor Yraola
Edición: Andrés Cárdenas

Impresión y encuadernación: Impresrapit
www.impresrapit.com

Impreso en España - *Printed in Spain*

Índice

Introducción 9

Sobre ruinas

Segóbriga 17

La ciudad romana de Clunia, Burgos 21

Ercávica, un enclave romano en Cuenca 33

Julióbriga, una ciudad romana en Cantabria 37

El yacimiento arqueológico de Valeria 41

La villa romana de Carranque, Toledo 45

Recópolis, capital visigoda en Guadalajara 49

La fortaleza almohade de Baños de la Encina 53

El Castillo de la Vieja Calatrava (Ciudad Real) 57

El castillo de Belmonte y Eugenia de Montijo 63

Sobre relatos

El Monasterio de El Paular 75

El Valle de los Caídos: el sueño de un general 81

Teófilo en el monte: La Garganta de El Espinar 89

Ciudadanos, el Partido de los árboles 101

Delfín Colomé, un músico y diplomático irónico 120

Álfrún Gunnlaugsdóttir ya no está con nosotros 128

Guðbergur Bergsson nos deja tristemente solos 132

La fe de vida o la muerte burocrática. Un islandés en apuros. 136

La leyenda del Santo Grial 140

Una meditación 157

El olvido 187

Sobre poesías

Lucas Fernández: *En esta montaña* (1474-1542) 193

Francisco de Borja: *Más quiero yo el invierno* (1441-1511) 194

Jorge Manrique: *Coplas por la muerte de su padre* (1440-1479).. 196

Federico García Lorca: *Romance sonámbulos* (1898-1936) 205

Antonio Machado: *Soledades* (1875-1939)....................................209
Miguel Hernández: *Vientos del pueblo* (1910-1942)......................215
León Felipe: *Ser en la vida romero* (1884-1968)...........................220
Blas de Otero: *Que trata de España* (1916-1979)..........................224
Jóhannes úr Kötlum *100 hvæði / Cien poemas* (1949) 231
Gyrdir Elíasson. *Forma de invierno en un viaje de verano* (1991) ..234
Stein Steinarr: Un poema islandés sobre *Don Quijote* (1937).........237
Mario Benedetti: *Yesterday y mañana* (1920-2009)........................240
Rabindranath Tagore: *Últimos poemas* (1861-1941).......................252
Poemas sobre la paz a propósito de Ucrania, Gaza y otras guerras..258

Introducción

Las ruinas romanas permanecen esparcidas por toda la geografía de la antigua Hispania y son testimonio de un pasado glorioso. Segóbriga es probablemente la ciudad romana mejor conservada del Imperio romano, se fundó hacia el 140 a.C. sobre un asentamiento celtíbero y pronto se convirtió en un municipium (población con ciudadanos romanos) así como un importante centro minero de yeso traslúcido. Clunia, -al norte de Burgos- era un Convento jurídico fundado a mediados del siglo I que preserva restos de edificios públicos como un teatro, basílica o anfiteatro que desafían el paso del tiempo. Ercávica era la ciudad que entró en la historia escrita por la crónica de Tito Livio sobre las campañas que Postumio y Graco llevaron a cabo en Hispania en el 179 a.C. Recópolis era la segunda capital visigoda después de Toledo y sus ruinas emergen olvidadas a orillas del río Tajo en la provincia de Guadalajara.

Julióbriga, próxima al nacimiento del río Ebro, fue la: ciudad fortificada de Julio (alusión al primer emperador romano Cayo Julio César Octaviano) asentada sobre una población de origen celta, hábitat previo destruido durante las Guerras Cántabras (29 a.C-19 a.C.). Valeria, recibió el nombre de: Quinto Valerio Flaco, procónsul de la Hispania Citerior entre los años 93-92 a.C., después de la conquista por Roma, en el 179 a.C.- del asentamiento indígena de Althea (capital de los Olcades) pueblo celtíbero al que pertenecieron los valerienses y ubicada entre la Mancha Alta y la Sierra de Cuenca. Las ruinas romanas de esta villa fueron un centro de explotación agrícola establecido a orillas del río Guadarrama y de la vía XXIV, -importante calzada que comunicaba las dos mesetas- en época romana altoimperial (siglos I-II d.C.). La villa conserva intactos ricos mosaicos que recrean personajes de la Íliada como; Neptuno y Anémona, Diana y Acteón, Hilas, Píramo y Tisbe así como bustos de Minerva, Diana y Hércules.

En la Edad Media, la fortaleza de Baños de la Encina, en las cercanías de Bailén, era un bastión militar almohade conservado impasible en un montículo milenario. Las Órdenes Militares nacieron en Tierra Santa para defender los Santos lugares y combatir a los musulmanes, el Castillo de Calatrava (en la provincia de Ciudad Real), regentado por la Orden castellana de Calatrava, fue una fortaleza que contuvo los ataques árabes en territorio cristiano. Eugenia de Montijo, una andaluza viajera esposada en París con Napoleón III, se convirtió en Emperatriz de Francia. Fue una dama de alcurnia que dedicó una fortuna a restaurar el Castillo de Belmonte entre 1857-1870, ubicado en la provincia de Cuenca. Así, la Historia es testigo de los tiempos pasados, vida de la memoria, maestra del recuerdo y testigo de la antigüedad.

Fue obra del rey Juan I (1379-1390) quien invitó a los cartujos a establecerse en Castilla en un paraje perdido en medio del bosque, a unos veinte kilómetros de Segovia, sin vías de comunicación, rodeado de montañas y donde los reyes salían a cazar. Así, en setiembre de 1391, la Cartuja de Scala Dei delegó tres o cuatro monjes y algunos hermanos conversos para que iniciasen los trabajos del nuevo Monasterio de El Paular que aún se erige en la falda de la sierra regentado por monjes bebedictinos.

En las postrimerías de la Guerra civil a un; escultor, un arquitecto y a un militar se les ocurrió la idea de crear un monumento de exaltación fúnebre y triunfal; edificar un arco de triunfo o una gran pirámide que proclamara a los cuatro vientos la victoria en la Guerra civil, y honrara a los muertos de la guerra, así surgió el proyecto del General Francisco Franco de construir una gran cruz en la Sierra de Madrid que continúa siendo testigo reconciliador del pasado.

Los árboles han permanecido creciendo con miles de raíces bajo La Garganta de El Espinar (Segovia) y en el presente, Teófilo, es parte de ellas. En 1978 perdió a una hija en un accidente de tráfico, -que también se transformó en raíces- aunque su recuerdo anide en el corazón del bosque. También lo hace su querida mujer, que también se alejó de él, hacia la tierra, y cuando todo esto ocurrió, Teófilo encontró también cobijo en el bosque, aunque entonces, existiera entre los vivos; ciervos, jabalíes y toda clase de aves fueron sus auténticos compañeros en todo este tiempo, y junto a un arroyo que le ofrecía savia.

En España existe, aunque moribundo, un partido liberal llamado: Ciudadanos, que en el último plebiscito popular de mayo del 2023 sufrió un descalabro. Quizá sea una paradoja, pero la España que salió del Franquismo vivió ya una revolución liberal; llegó el divorcio, el aborto, las reivindicaciones de las asociaciones de vecinos y sindicatos, y hasta el matrimonio entre homosexuales. El programa al que ha defendido este partido en la arena política ha sido su asociación con el neoliberalismo, ideología que no ha encontrado respuesta para la desigualdad social. Los conservadores estiman que la revolución liberal ha ido demasiado lejos; los socialistas, que no combaten la desigualdad, y los ecologistas, que no tiene respuestas a los desafíos del cambio climático. En este debacle ideológico de partidos el homo politicus lucha por establecer su lugar en el mundo.

Existen personas que marcan la diferencia en una sociedad aportando con su presencia excelencia y sabiduría, es el caso de Delfín Colomé (1946-2019), diplomático, compositor, pianista de origen catalán que ha dejado una honda huella en mi vida y la entrevista que se publica es mi homenaje a su memoria. Álfrún Gunnlaugsdóttir (1938-2022) escritora, amiga e hispanista fue inspiración para muchos estudiantes universitarios islandeses a los que animó a interesarse por las Humanidades en el sentido renacentista ya que, para ella, todo lo humano le interesaba. Fumaba demasiado, algo que siempre le critiqué, bebíamos también copas de jerez en mi despacho, y durante décadas fuimos hermanos académicos de infortunio.

Para suerte de los islandeses interesados en la Literatura, no ha existido en toda Europa un escritor comparable a Guðbergur Bergsson (1932-2023) quien, además de innovar la narrativa islandesa con su amplia obra literaria, ha traducido al islandés lo más selecto de la Literatura española incluyendo el monumental: El Quijote y la Poesía del Siglo de Oro junto con muchas obras de autores latinoamericanos (portugueses y catalanes también), algunos de ellos conocidos por él y por su pareja Jaime Salinas. Su memoria es imborrable y estoy seguro de que la tierra le ha sido leve. La burocracia es un laberinto con muchas puertas cerradas: un ciudadano islandés cuenta que al acudir a un ayuntamiento para solicitar una fe de vida, recibió de la funcionaria de turno una respuesta surrealista: el ciudadano no parecía que existiera aun estando bien presente delante de sus narices.

Parece que el Santo Grial, de ser; una versión mítica y romántica del acto principal de una de las mayores religiones del mundo, un arquetipo platónico, la versión primigenia ideal de cualquier objeto, objetivo o concepto, -cuando nuestros antepasados medievales intentaban llegar a lo espiritual e intangible-, hoy, en nuestra era materialista actual, solo intenta conceptuarse como un objeto en el estante superior de un supermercado. Finalmente, el último relato: una meditación, es un sueño, o quizás un viaje espiritual a través de libros admirados que se encuentran en una biblioteca imaginaria.

Una pléyade de poetas españoles y extranjeros ofrecen un broche final a esta miscelánea de; ruinas, relatos y rimas.

Aitor Yraola
Presidente
Académicos sin Fronteras

Sobre ruinas

Segóbriga

Segóbriga es una de las ciudades mejor conservadas del Imperio romano en Occidente. En sus orígenes debió ser un castro celtibérico que dominaba la hoya situada al norte de la ciudad defendida por el río Cigüela. Tras la conquista romana, a inicios del siglo II AC, la ciudad se convirtió en un *oppidum* o ciudad celtibérica nombrada por primera vez en las luchas contra Viriato, hacia el 140 AC. Tras las Guerras de Sertorio en el 70 AC, pasó a controlar un amplio territorio como capital de toda esa parte de la Meseta, cuando Plinio la consideró *caput Celtiberiae* o cabeza de la Celtiberia.

En tiempos de Augusto, poco antes del cambio de era, dejó de ser una ciudad estipendiaria, que pagaba tributo a Roma, y se convirtió en un *municipium* o población de ciudadanos romanos. Fue entonces cuando se produjo su auge económico como cruce de comunicaciones y centro minero de *lapis specularis*, el yeso traslúcido utilizado para cerrar ventanas, por lo que inició un programa de contrucciones monumentales que finalizó hacia el 80 d.C. fecha en la que la ciudad debió alcanzar su mayor desarrollo plenamente integrada en el Imperio romano. En el siglo IV se abandonaron sus principales monumentos, como el anfiteatro y el teatro, prueba de su decadencia económica y progresiva conversión en villa rural. A partir del siglo V, ya en época visigoda, era aún una ciudad importante, con obispos que acudían a los concilios de Toledo entre los años 589 y 693 d.C.. De esos años proviene una gran basílica y la extensa necrópolis que circunda la ciudad, pero la vida urbana debió ser cada vez más limitada. Esta situación prosiguió hasta la invasión islámica, cuando los obispos y élites gobernantes huyeron hacia los reinos cristianos del norte, momento en el que se construyó una fortificación árabe sobre la antigua acrópolis situada en la cumbre del cerro.

Tras la Reconquista, la población se desplazó al actual pueblo de Saelices situado a tres kilómetros más al norte. El lugar pasó a denominarse, *Cabeza del Griego* y quedó reducido a una pequeña población rural dependiente de la villa de Uclés. Desde entonces prosiguió su paulatina despoblación.

Segóbriga se sitúa sobre un cerro y para adecuarse a una ciudad romana, hubo que recurrir a explanaciones y aterrazamientos. La población se rodeó de una muralla, símbolo de su nuevo estatus de *municipium.* Para hacerla más impresionante se alzaron tres puertas monumentales que se abrieron en la muralla; la puerta norte, otra al oriente, flanqueada por una gran torre octogonal y, una tercera, al occidente. A ambos lados de la vía de entrada por la puerta principal se construyeron un teatro y un anfiteatro, destinados a las grandes fiestas y actos colectivos.

La puerta norte daba a una calle principal norte-sur o *kardo maximus* que constituía el eje de la ciudad y de la que salían las calles transversales en sentido este-oeste o *decumani.* Nada más atravesar la puerta principal de entrada a la ciudad se construyó el foro, formado por una gran plaza enlosada y rodeada de pórticos y monumentos urbanos significativos como la curia y la basílica. Frente al foro, al otro lado de la calle principal norte-sur, se alzaba el templo dedicado al culto imperial. Tras él, la manzana siguiente la ocuparon unas grandes termas monumentales. La parte más alta debió ser la acrópolis o ciudadela pero, además, una parte del solar de la ciudad estaría cruzado de calles con casas y tiendas o *tabernae.*

Bibliografía

J. Manuel Abascal. *Segóbriga y su conjunto arqueológico.* Real Academia de la Historia: 1999.

La ciudad romana de Clunia, Burgos

Introducción

El emplazamiento romano de esta ciudad se hizo sobre las ruinas de un poblado celtibérico. Durante las guerras sertorianas Pompeyo asedió Clunia donde resistía su enemigo Sertorio. A la muerte de éste (75 a.C) Pompeyo acabó con sus partidarios ocupando las ciudades; Uxama, Termes, Valentia, Calagurris, Osca y Clunia. Veinte años más tarde los habitantes indígenas de la ciudad colaboraron en el último episodio de las guerras numantinas. Tras la caída de Numancia, Clunia aparece en las crónicas como aliada de los vacceos que, en su momento, la habían ayudado contra Roma. El general Metelo los redujo y puso sitio a la ciudad en el 56 a.C. pero sin lograr someterla. Sin embargo, al año siguiente Afranio, legado de Pompeyo, sometió finalmente a los vacceos y arévacos y también la villa de Clunia.

Bajo Tiberio (14-37 d.C.) la ciudad contaba con el estatuto de municipio romano ya que con este emperador acuñó monedas con su efigie y las de los magistrados de la ciudad, se sabe que fue capital de Convento jurídico a mediados del siglo I d.C. así como centro administrativo y religioso de un amplio territorio con el que se comunicaba con vías que cruzaban la ciudad. En la sublevación de Galba contra Nerón, éste se refugió en Clunia que levantó la Legion VII (Gemina) cuando fue proclamado emperador por el Senado. Pudiera ser que la denominación de la ciudad de *Sulpicia*, fuera concedida por Galba (llamado, Servio Sulpicio). Por la *tabula patronatus* que se conserva en el Museo Arqçueológico Nacional, se sabe que en el 40 d.C., Clunia no era todavía Colonia, aunque seguía siendo la capital de un Convento y era conocida en las crónicas como: *Colonia Clunia Sulpicia* y existió como ciudad hasta fines del siglo VII, aunque su importancia decayó durante la época visigoda.

Las excavaciones arqueológicas han sacado a la luz las ruinas de edificios públicos y privados de gran relevancia. El teatro, edificado en el siglo I con una gradería, fue construido sobre una ladera, tallado en parte sobre roca, y rematado por un pórtico superior que servía de acceso. Los espectadores contemplaban una fachada escénica compuesta por dos pisos de columnas corintias entre las que se situaban esculturas, así como las puertas por donde entraban y salían los actores. En la parte superior se situaba un tornavoz inclinado de madera, que hacía que el sonido llegase a las partes más altas del graderío. Durante el siglo II se transformó para ser utilizado como lugar de espectáculos de fieras y combates. *Los Arcos* también del siglo I, era un edificio termal no excavado en su totalidad, y constituido por una palestra que daba acceso a una serie lineal de dependencias donde se realizaban los diferentes tipos de baños. *Las Termas*, del mismo siglo, era un edificio de planta simétrica con las áreas principales desdobladas a partir de un eje longitudinal, dejando un espacio exterior en el centro donde se encontraba la piscina (*natatio*). El acceso principal era un pórtico semicircular columnado que comunicaba con una calle o plaza porticada. El conjunto muestra diversas fases de construcción y reutilizaciones hasta el siglo V d.C. *El foro*, era una plaza pública de grandes dimensiones diseñada para el municipio, pero también para reunir a ciudadanos de todo el Convento jurídico. En el Foro se desarrollaban las actividades propias de un ciudadano romano: la función religiosa se situaba en su cabecera, presidida por el Templo de Júpiter. La función comercial se desarrollaba en el espacio central, en una plaza porticada donde había locales pequeños denominados *tabernae* y con espacio bajo el pórtico para la venta ambulante. La función jurídica se desarrollaba a los pies del foro en un edificio llamado *basílica*, un gran espacio cubierto donde se resolvían los pleitos y se sancionaban contratos; también servía para guardar las leyes y como registro notarial. En su condición de Convento jurídico, la basílica servía, una vez al año, para recibir al Gobernador de la Provincia (Hispania Citerior) y celebrar juicios relativos al territorio de todo el Convento.

La vida de la ciudad debió ser bastante próspera durante los siglos I y II d.C. como cabecera de una zona triguera y centro del Convento jurídico de la Hispania Citerior o Tarraconense, y desde el punto de vista militar, fue un bastión en la romanización de la provincia y también de las montañas de Cantabria. El esplendor de sus edificios públicos contrasta con la total desaparición de la ciudad al hundirse el Imperio romano cuando dejó de tener una función política debido a su ubicación en un lugar inhóspito y alejado de otras urbes. La inestabilidad económica, inseguridad de los caminos, la existencia de bandas de saqueadores, probables invasiones de francos y alanos junto con revueltas campesinas condujeron a su decadencia completa a finales del siglo III.

La colonización de Clunia

La conquista de la Meseta Norte de Hispania se llevó a cabo de manera lenta, durante los casi dos siglos que van del 195 al 19 a.C. Poco a poco los pueblos indígenas; arévacos, vacceos, turmogos, autrigones y cántabros fueron asimilados al modo de vida romano de organización política y territorial, y sus ciudades más importantes fueron convertidas en cabeceras de los distritos territoriales que componían el mosaico provincial del Imperio y de la Meseta Norte.

Bajo la dominación romana, la población celtibera de esta parte de Hispania asimiló; la ordenación urbana, municipal, el derecho, la moneda, los modelos de comercio, la lengua latina, los sistemas de construcción, las obras públicas con los; foros, teatros, acueductos y vías interurbanas, los cánones artísticos, la religión y en general la cultura grecorromana.

Roma dividió el territorio conquistado en Provincias y Conventos jurídicos. Ninguna ciudad romana jugó un papel tan importante en la Meseta Norte como Clunia. De los autores clásicos, Tito Livio y Salustio, mencionan el papel de la ciudad en la guerra entre Sertorio y Pompeyo a finales del año 75 a.C. Los habitantes prerromanos de la Meseta fueron: los arévacos (*los que viven cerca del río Areva*), autrigones , -que adoraban a un dios guerrero llamado Vurovius-, cántabros que poblaban castros de montaña amurallados en zonas boscosas (con una economía pastoril y que sacrificaban; machos cabríos, caballos y prisioneros de guerra a una deidad llamada Aries), los turmogos, dedicados principalmente a la agricultura, y los vacceos, que habitaban asentamientos amurallados de grandes dimensiones en las estribaciones de los páramos o en las proximidades de los ríos, que se repartían las cosechas según un sistema de 'colectivismo agrario'. Los pueblos prerromanos citados estaban basados en un sistema de organización social llamado *gentilicio*, que daba prioridad al parentesco entre los individuos antes que a la territorialidad con asambleas como forma de gobierno. La colonización romana terminó con este sistema de gobierno tribal y cada pueblo indígena se integró a efectos administrativos, jurídicos y fiscales en una *civitas* o ciudad.

La Meseta Norte fue un territorio codiciado por Roma en el marco de sus operaciones militares porque ofrecía la posibilidad de conseguir mercenarios para sus legiones y mano de obra esclava para trabajar las minas y haciendas. Después de la expulsión de los cartagineses de Hispania se libraron dos guerras celtibéricas para conquistar el territorio. La I Guerra entre 182-179 a.C. en la Carpetania (Toledo) y la II Guerra entre 143-133 a.C. cuando Roma se enfrentó contra las poblaciones habitadas en la Meseta norte. La caída de Numancia en el 153 a.C. implicó el sometimiento militar de los pueblos indígenas bajo Roma. Otro suceso de relevancia en la historia de Clunia fue la guerra civil entre Sertorio y Pompeyo en Hispania. Sertorio recibió el apoyo de las poblaciones enemigas de Roma (celtíberos y lusitanos) y se refugió en la ciudad en el año 75 a.C. Las hostilidades contra Roma continuaron hasta el 55 a.C. cuando la ciudad y los pueblos rebeldes fueron finalmente sometidos. Un último suceso destacado que involucró a la ciudad tuvo lugar durante el conflicto entre el emperador Nerón y el gobernador Galba quien, después de haber sufrido un descalabro en el 51 a.C. en Lusitania (cuando los lusitanos deshicieron su ejército y mataron a siete mil romanos), invadió la Lusitania saqueándola. Los lusitanos, atemorizados por temor a una venganza se presentaron ante Galba en son de paz. El historiador griego Appiano narra así el encuentro entre los lusitanos y el gobernador Galba:

'Fueron recibidos favorablemente y pactó con ellos fingiendo lamentar el estado en el que por necesidad se veían, de entregrase al saqueo, de hacer la guerra y de faltar a los compromisos contraídos con Roma. *La pobreza de los suelos y la indigencia es lo que os fuerza a hacer tales cosas*, -les decía-. *Yo os daré tierras y las distribuiré con generosidad dividiéndolas en tres lotes*. Atraídos por tales palabras, los lusitanos dejaron sus haciendas partiendo al lugar preparado por Galba. Este los dividió en tres grupos, llevando a cada uno de ellos a un determinado llano mandándoles a que permaneciesen en él hasta que les hubiera procurado el lugar definitivo. Dirigiéndose a los primeros les ordenó que, como amigos que eran, entregasen las armas, y habiéndolo hecho, los acorraló dentro de una cerca, envió contra ellos soldados armados y mató a todos. Del mismo modo y con gran rapidez mató a los del segundo grupo y a los del tercero, los cuales ignoraban aún lo ocurrido con los del primero'.

El nombramiento de Galba como emperador recibió el apoyo de los notables hispanos, creó un ejército nuevo, la Legión VII Galbiana, (también llamada Gemina) y partió de Clunia a Roma. A pesar de lo efímero de su reinado, ya que murió en el año 69 a.C. poco después de llegar a Roma, su nombre permaneció relacionado con la ciudad de Clunia convertida en la más importante de la Meseta norte y clave en la administración romana de toda Hispania.

La administración romana

El Senado romano decidió la división de los territorios de Hispania en dos provincias, la Ulterior con capital en Cartago Nova, y la Citerior, con capital en Tarraco. Los gobernadores de las ciudades eran nombrados por un año (extensible a dos). Tenían el rango de *praetor*, y un ejército de al menos una legión con mando para poder reclutar soldados entre las tropas indígenas.Tenía además funciones sacerdotales y la administración de la justicia. Los asuntos financieros los llevaba un *questor* provincial nombrado por un año. La hacienda de la provincia se nutría de los impuestos directos de las poblaciones hispanas que era de un 5% sobre la producción anual, además de la obligación de contribuir al mantenimiento de las legiones romanas. El gobernador y el cuestor contaban con un equipo de ayudantes llamado *cohors amicorum* (*praefectus, legati, tribuni militium* entre otros). Al concluir la conquista de Hispania en el 27 a.C., el emperador Augusto dividió las provincias en dos grupos, unas siguieron dependiendo del Senado, otras lo hicieron directamente del emperador. En las provincias se crearon Conventos jurídicos que impartían de forma más eficaz la justicia y atraían a la población próxima. La variedad de actividades propició la constitución de *concillium conventus* o asambleas que representaban a delegados de ciudades del territorio reforzando la conciencia de *comunidad ciudadana* ya que la administración del Imperio se apoyó fundamentalmente en el modelo de ciudad desde el principio de la conquista. Los municipios romanos eran ciudades con una organización análoga a las colonias, pero creados a partir de una urbe indígena y acogieron también a ciudadanos romanos e indígenas. Las ciudades libres y federadas eran comunidades de nativos, organizadas según sus propios sistemas de gobierno, que habían realizado pactos con Roma (*amictia* o *foedus*); no pagaban impuestos, pero tenían que ayudar al ejército romano o aportar contribuciones. Desde principios del siglo I se fue borrando la diferencia entre Colonia y Municipio, cambio que contribuyó al desarrollo de las formas de propiedad privada y a la promoción del urbanismo romano. El tamaño de las ciudades romanas era bastante homogéneo, por término medio entre 2500 y 15000 habitantes.

El Senado era la institución más importante de los municipios romanos. Estaba compuesto por representantes de las oligarquías locales llamados *decuriones* que se reunían en una Curia que tomaba las decisiones políticas y administrativas que posteriormente ejecutaban los magistrados. Por último, existían las asambleas de ciudadanos con estatutos jurídicos distintos; se podía ser; ciudadano romano, latino, peregrino (libre, federado, estipendiario) liberto o esclavo, y la participación en las asambleas era un privilegio reservado a los que tuvieran derecho de ciudadanía por la ciudad. La conversión de Clunia en Colonia romana se vinculó a los acontecimientos del año 68 d.C. cuando se produjo la sublevación contra Nerón protagonizada por Galba que fue proclamado emperador cuando residía en la ciudad. En su doble condición de ciudad romana (municipio y colonia) y capital de Convento jurídico, tuvo una vida social y económica muy próspera, gobernaba un territorio muy extenso y contaba con una gran producción cerealística que tanto interesaba al Imperio romano.

Se daba mucha importancia en las ciudades romanas a los edificios que servían de esparcimiento, las bibliotecas no eran muchas pero se encontraban incluso en ciudades de tamaño mediano. Casi todas tenían un teatro porque había gran demanda popular sobre todo de representaciones de pantomimas. Otro edificio corriente era el de las termas con tres piscinas de; agua fría, templada y caliente (*frigidarium, tepedarium y caldarium*) junto con un baño de vapor (*laconicum*) y servicios, así como vestuarios. Aparte de estos baños públicos, las letrinas privadas y públicas ofrecían un nivel sanitario alto que contaba con una la asistencia de médicos pagados con dinero público y una provisión de agua, que se canalizaba, no sólo de los acueductos, sino de fuentes públicas. Las condiciones de las viviendas, incluso para la gente sencilla, eran mejores que en la Europa del siglo XIX. La mayoría de los problemas sanitarios producidos por la concentración de la población estaban resueltos, y eran más desarrollados que en las ciudades de la Europa medieval. En Clunia se conservan restos de acometidas de agua y alcantarillado, unas conducciones que abastecieron a los habitantes de la ciudad y sobre todo al conjunto termal.

La economía de Clunia estaba basada en la agricultura (especialmente el cultivo triguero) y ganadería, sectores productivos que actuaban como estímulo de otras actividades económicas, como la elaboración de tejidos (lino, cáñamo, lana), el comercio de productos transformados (vino, aceite), o la producción de vasijas necesarias para transportar líquidos fueron una relevante actividad industrial alfarera con técnicas y pinturas de tradición celtibérica. En toda Hispania se cultivaba también la apicultura y la minería, y el Estado romano era el dueño de las minas. La circulación monetaria y acuñación de monedas también estaba presente en la ciudad a lo largo de toda su historia El Foro de Clunia representaba bien toda esta actividad económica de la Colonia y formaba parte del conjunto arquitectónico. Había varios espacios de mercado, unos compartimentos rectangulares llamados *tabernae* que los comerciantes alquilaban para exponer sus mercancías. Al mismo tiempo existían grandes superficies comerciales llamadas *macellum*, y aparte de estos mercados urbanos, había también otros mercados rurales, sobre todo en las zonas poco urbanizadas. Las limitaciones de transporte hacían que se tardaran unos quince kilómetros en recorrer entre tres y cuatro horas de carro) hasta mercado rural.

La sociedad hispanorromana de Clunia manifiesta unas características similares a la civilización romana en general, dividida entre los ciudadanos libres (*ingenui*) y los de condición servil (esclavos y libertos). Clunia llegó a obtener el rango de *cives latini o romani.* El papel de la mujer fue significativo porque tenía capacidad para poseer esclavos en igualdad de condiciones que el hombre, así como para liberarlos. No obstante, la base de la riqueza de la mujer provenía de la posesión de propiedades territoriales, aunque algunas mujeres hispanorromanas tuvieron acceso a cargos religiosos, como el de sacerdotisa (*flaminica*) del culto imperial, encargada de la adoración a las emperatrices fallecidas para divinizadas.

El siglo III representa un período oscuro entre el Alto y Bajo imperio que condujo al eclipse de la ciudad con el cierre de las termas, abandono del teatro y de las casas próximas al Foro. Sin evidencia de ataques exteriores, el declive de la ciudad podría explicarse a la práctica desaparición de la vida pública administrativa y judicial que había desempeñado hasta entonces. A finales del siglo IV y comienzos del V el Foro ya se había convertido en una necrópolis cristiana donde se han encontrado una veintena de tumbas con ajuares de la época visigoda.

Bibliografía

P. de Palol. Clunia. *Historia de la ciudad y guía de las excavaciones*. Diputación de Burgos: 1994.

David Pradales Ciprés. *La Romanización de la Meseta Norte, Burgos, Clunia, Ed.* Cajacírculo: 2005.

Domingo Plácido. *Las provincias hispanas* durante *el Alto Imperio romano.* Ed. Istmo: 2008.

Antonio García y Bellido. *Ejércitos, guerras y colonización en la Hispania romana*, Urgoiti Editores: 2015.

Francisco Martínez Palazuelos. *El recuerdo de Hispania*, Ed. Copisan: 2021.

Ercávica, un enclave romano en Cuenca

Ercávica está situada dentro del término municipal de Cañaveruelas, provincia de Cuenca, en la zona denominada castro o cerro de Santaver y tierras que se extienden al sur. El paisaje actual ha sido transformado por la construcción del pantano de Buendía en las cercanías. La comarca es eminentemente agrícola dependiendo de Villalba del Rey y Huete como centros regionales. Predominan en la zona las explotaciones de carácter familiar y los cultivos de; cereales, olivar y huerta, ganadería; ovejas, cabras y porcinos. Existía una vía que, desde Segóbriga y por Uclés, rodeaba Ercávica, pasaba por La Isabela (hoy sumergida), donde se ha encontrado un milario, y desde allí, se dirigía por Cifuentes hasta Segontia para unirse a la vía que iba de Emérita a Cesaraugusta. En el presente este camino hacia el norte está cortado por el pantano y fue utilizado tanto en la época romana como en la Edad Media. Con el paso del tiempo estos núcleos urbanos pasaron de Segontia a Medinaceli y de Segóbriga a Uclés.

La ciudad entró en la historia escrita, -en cuanto a sucesos cronológicos se refiere- por la narración de Tito Livio sobre las campañas que Postumio y Graco llevaron a cabo en Hispania en el 179 a.C. ciudad que el historiador romano denominó: *potens et nobilis civitas*. La actitud poco belicosa de esta urbe en las Guerras celtibéricas contra las legiones romanas, favoreció su pronta romanización (Plinio, Libro III, 24). A través del mismo autor sabemos que perteneció al Convento jurídico de Cesaraugusta, a diferencia de Segóbriga y Valeria, que estaban incluídas en el Convento Carthaginense, y también que sus ciudadanos gozaban del derecho latino que les facultaba para ejercer cargos públicos como cualquier ciudadano romano.

En la obra de Ptolomeo: *Geographiae* (Libro II, cap. 6. París, 1888) se mencionan dos Ercávicas: una, celtibera, y otra perteneciente a la tribu de los vascones. Esta segunda cita debe referirse a la *Erguti* vascona entre Beldalum y Beturri citada por el Anónimo de Rávena lo que probablemente fuera un error del copista que hubiera transcrito la cita de dos ciudades distintas, Ercávica y Erguti, y que en muchos manuscritos aparezca *Ergávica* en lugar de *Ercávica*, hecho que también se repite en los reversos de las monedas acuñadas en la ciudad. De época visigoda se conservan testimonios sobre su fundación que datan de Toledo. El primero de los obispos de los que se tienen noticias es: *Petrus, Arcavicensis, Celtiberiae ecclessiae episcopus* quien debió ser un personaje influyente en la vida monástica según se desprende de un texto perteneciente a la obra de San Isidoro: *De viris illustribus* (cap. XLV; 64) donde se menciona que el obispo Pedro acudió al concilio celebrado en Toledo en el año de 597 d.C. Además, en octubre de 610, se acordó la supremacía de Toledo en relación con las demás diócesis de la antigua provincia Carthaginense, a la que estaba adscrita Ercávica tras la reforma administrativa del emperador Domiciano (ratificada por el obispo de Ercávica Teodosio). No obstante el núcleo hispano-visigodo de Ercávica convivió con los árabes que denominaron a la ciudad: *Santaberia*, una degeneración del cognomen celtiberia que solía acompañar a la Arcávica goda, El último prelado de la ciudad, llamado Sebastián, tuvo que abandonar esta sede y trasladarse con sus monjes a Orense donde fue nombrado primer obispo de la ciudad gallega por Alfonso III, probablemente alrededor del 866 d.C.

En la Edad Media, en el siglo XII, se reinstauró la sede episcopal ercavicense en Albarracín (Teruel). En la segunda mitad del siglo,- en 1.160- e independientemente del reino de Castilla, Lope, un rey moro de Valencia y Murcia, cedió el castillo y la ciudad de Albenrazín a D. Pedro Ruiz de Azagra. Como se suponía que esta ciudad había pertenecido a la antigua diócesis ercavicense y dado el interés de los mozárabes por recobrar estas tierras de la diócesis, el señor del territorio consiguió del Cardenal Celestino Bobo que D. Cerebruno, arzobispo de Toledo, creara la sede ercavicense en nombre del Papa Alejando VIII siguiendo así la política real de agrupar los terrenos conquistados por diócesis, procedimiento de distribución de tierras seguido desde el inicio de la Reconquista. De este modo se conservaron los esquemas administrativos hispanorromanos que resucitaban las antiguas ciudades, y de tal modo, a la antigua ciudad romana se le adjudicaron los terrenos comprendidos entre las márgenes del alto Guadalaviar y las del Guadiela y Cigüela, y en consecuencia la ciudad romana fue rescatada del olvido en la Alta Edad Media.

Bibliografía

Manuel Osuna Ruiz. *Arqueología conquense. Ercávica I. Aportación al estudio de la Romanización de la Meseta*: Ayuntamiento de Cuenca: 1973.

Julióbriga, una ciudad romana en Cantabria

La antigua ciudad romana de Julióbriga se encuentra al sur de la Comunidad Autónoma de Cantabria, en la comarca de Campoo, cercana de Retortillo y el barrio de Villafría, término municipal de En Medio, a 4 km. al suroeste de Reinosa. El yacimiento se encuentra en un emplazamiento defensivo sobre un altozano de arenisca ferruginosa al norte de la Llanuca. Fue una población civil ya que el control militar quedaba relegado a la Legio IV Macedónica emplazada más al sur de la vertiente meridional de la Cordillera Cantábrica. La elevada altitud del yacimiento (900 m.) explica la dureza de la estación invernal, con inviernos fríos y veranos secos. Esta *ciudad fortificada de Julio* (alusión al primer emperador romano Cayo Julio César Octaviano) se asentaba sobre una población de origen celta, hábitat previo probablemente destruido durante las Guerras Cántabras. A partir del 19 a.C. los romanos fundaron ciudades en puntos estratégicos próximos a los lugares donde habían tenido lugar batallas decisivas, entre ellas Julióbriga, fundada para controlar la comunicación con el Mar Cantábrico y facilitar el suministro y ayuda militar a Aquitania, así como para ejercer funciones de centro administrativo y recaudación de impuestos.

Cayo Plinio cita la existencia de Julióbriga al describir el río Ebro:

> 'El río Ebro que nace en el territorio de los cántabros, no lejos de la ciudad fortificada de Julióbriga es rico en comercio fluvial. La región de los cántabros, con sus nueve ciudades, el río Sauga y el puerto de la Victoria de los juliobriguenses, desde donde a una distancia de cuarenta mil pasos se hallan las fuentes del Ebro'

En 1940 se descubrieron en las inmediaciones de la iglesia de Retortillo los cimientos de un edificio de cierta importancia y varios objetos; un pomo de ámbar, entalles de joyería y cerámica fina que revelan la construcción de villas romanas en la zona. La manzana de viviendas descubierta es el plano de una casa privada similar a las *domus* en Pompeya: un pórtico de pilastras de piedra de sesenta metros de largo, el afirmado de hormigón para el solado y algunas habitaciones en las que se han encontrado mosaicos y restos de estuco rojo lo que muestra la elevada posición social de sus habitantes. Se sabe poco sobre la desaparición de la ciudad. En tiempos del emperador Galba existía sólo la legión VI pero también fundó la VII Gemina que se estableció en León hasta el final del Imperio hacia el 409 d.C. Se sabe que en el siglo III d.C. coincidiendo con las primeras invasiones germánicas, se edificaron las murallas de León, las lápidas allí encontradas llegan hasta el 250 d.C. y resulta verosímil que Julióbriga desapareciera por esas fechas a juzgar por los restos en las excavaciones en el nivel romano de tierra enegrecida con destrozos de carbón procedentes de maderas quemadas.

La vivienda romana

La villa romana excavada presenta dependencias adosadas a una calle porticada por medio de columnas. En el centro había un aljibe rectangular y pozos excavados en la roca con sus correspondientes canales, restos de teselas y mosaicos. Esta vivienda obedece a un modelo corriente en el mundo romano-helenístico con un patio porticado y los intercolumnios cegados donde se conserva un pozo y un pasillo alrededor del peristilo con acceso a las distintas habitaciones distribuidas de forma regular. Este modelo de vivienda sufrió modificaciones debido al clima frío de la zona como la supresión del patio abierto. Las paredes tenían una anchura de unos 45 cm., más gruesas las exteriores que las interiores, y se levantaban sobre un zócalo de mampostería, de piedra caliza de la zona, con una altura media de 50 cm que aislaba la casa de la humedad. Sobre el zócalo se alzaban los lienzos de pared de adobe hasta una altura de unos 3 m. probablemente enlucidos en cal o estucos pintados. No se han encontrado *tegulae* (tejas) lo que sugiere una adaptación de techumbres vegetales, obtenidas por la extensión de bosques en la época.

La Casa de los Morillos (*domus lvliobriga*) que ha sido restaurada tiene un patio central. Las fachadas están orientadas hacia una de las calles principales (el *cardum*) en dirección a la costa cantábrica. Desde la entrada se pasaba a la habitación principal o *triclinium*. Alrededor del patio central se encontraba el *lararium* (altar), la *cuina* (cocina), el *cubiculum* (dormitorio) y la *taberna* (tienda) La casa tenía calefacción que radiaba del suelo a través del *hypocaustum*. Un doble suelo levantado sobre pequeños pilares de ladrillo por el que circulaba el calor procedente de un horno o *praefurnium*.

Julióbriga fue probablemente una ciudad estipendiaria o *ager publicus* (territorio extra urbano no amurallado) que tributaba a la cabeza administrativa más cercana: Clunia en Burgos, y estaba regida por *duoviros* o magistrados municipales con facultades jurisdiccionales en el orden civil y criminal. Lo más probable es que la ciudad floreciera entre el final de las Guerras cántabras hasta comienzos del siglo III d.C. en que debió ser destruida por el fuego.

Bibliografía

Hernández Morales. *Julióbriga.* Centro de Estudios Montañeses: 1946.

J.M. Iglesias Gil. *Julióbriga.* Ediciones Librería Estudio: 1985.

El yacimiento arqueológico de Valeria

Valeria perteneció a la provincia romana de la Tarraconense (capital de Tarragona) primero y Carthaginense posteriormente (al Convento jurídico de Cartagena). La ciudad conservó el nombre romano: Valeria, nombrada por Quinto Valerio Flaco procónsul de la Hispania Citerior entre los años 93-92 a.C. después de la conquista por Roma en el 179 a.C. sobre el asentamiento indígena de Althea, capital de los Olcades, pueblo celtibero al que pertenecían los valerienses. Se encuentra ubicada entre la Mancha Alta y la Sierra de Cuenca. La ciudad ya era un municipio en tiempos de Augusto, pero, al contrario que otras ciudades, en Cuenca no se acuñó moneda. Cuando se describe el Convento de la ciudad de Cartago Nova, que era de una enorme extensión, concurrían un total de 65 pueblos (*populi*) o comunidades cívicas o *civitates* y entre ellos aparece el nombre de Valeria:

> Carthaginem conveniunt populi LXV exceptis insularum incolis...Oppidani Lati veris...Valerienses (Plinio, NH III, 25).

Otro texto que menciona la ciudad corresponde a las tablas geográficas de Claudio Ptolomeo del siglo II (hacia el año 140 d.C.) en las que se nombraban las *poleis* pertenecientes a los celtíberos. La ciudad estaba dedicada a la explotación de un territorio variado entre la sierra y las tierras de Cuenca rico en minerales como; sal y el hierro, madera y también productos agrícolas. En época visigoda fue uno de los obispados de los Concilios de Toledo que, tras la Reconquista cristiana en 1177, pasó a la ciudad de Cuenca. El gran momento constructivo de Valeria se produjo desde el final de Augusto hasta la época de los Flavios. Permanecen muchos restos de esta ciudad romana como un conjunto de edificios públicos que formaban un rectángulo en cuyo centro quedaría la plaza pública del Foro. Bajo ella estaban unas cisternas de casi treinta metros de longitud y cuatro de ancho cada una. Uno de los lados cortos del Foro era la Basílica, un edificio civil de la administración de justicia y comercio, y la Curia, sede del senado municipal. Otro lado contaba con unas *tabernae* o tiendas abiertas a una plazuela además de un edificio absidiado de grandes proporciones, un templo de culto imperial del que proceden restos de estatuas y epígrafes dedicados a los emperadores. El otro lado más largo era una plaza alargada junto al Foro, pero en un nivel inferior sobre más tiendas y un enorme Ninfeo o fuente monumental, de más de ochenta metros de longitud con una fachada de nichos rectangulares y semicirculares entre los que caían doce caños de agua en un pórtico que dominaba gran parte de la ciudad. La epigrafía ofrece bastantes claves para interpretar la sociedad que habitaba el municipio ya que se conservan fragmentos de homenaje a la familia imperial como el texto: *Divae/Drvsillae*, procedente del Foro dedicado a la hermana del emperador Calígula, que fue divinizada después de su muerte. También existen epígrafes dedicados a los emperadores Tiberio y Trajano así como a la aristocracia municipal como el caso de IVviro que fue *flamen* o de Sempronius Aquilus.

Además del Foro se conservan varias viviendas diseminadas por todo el cerro, una de ellas, la Casa de adobes, data del siglo III y sufrió un incendio. El conjunto más original es el de las viviendas rupestres diseminadas por todo el cerro similares a las de otras ciudades celtíberas como Tiermes.

Estas viviendas, excavadas en la roca y voladas al vacío de las Hoces, son un antecedente de las conocidas Casas colgantes de Cuenca.

Parece obvio que en el siglo III la ciudad sufrió una crisis, y en algún momento se produjo un incendio que destruyó parte del Foro y la Basílica. El desmonte posterior muestra que sus principales elementos de arquitectura fueron arrancados para su reempleo en otros lugares. El incendio del Foro y el abandono de sus construcciones no tuvo que ser causado por hechos violentos, sino por accidente o crisis interna generalizada común en muchas ciudades clásicas de la Hispania romana a lo largo del siglo III, época de decadencia, ruralización o ruina de las grandes obras públicas en las ciudades hispanas.

En la época medieval, en el cerro próximo de Santa Catalina, se construyó un castillo que guardaba el camino de Cuenca hacia Alarcón y La Mancha, sus ruinas son un lienzo de muralla con torres semicirculares que cierra el espolón de roca alzado sobre la hoz del río Zahorra. En el centro del castillo quedan las ruinas de la Ermita de Santa Catalina, una iglesia románica del siglo XII. Junto a ella se conservan enterramientos fechados en la Baja Edad Media

Bibliografía

Gregorio Carrasco Serrano (Coord.). *La ciudad romana en Castilla-La Mancha*: 2012.

La villa romana de Carranque, Toledo

Las ruinas de esta villa fueron un centro de explotación agrícola a orillas del río Guadarrama y la vía XXIV, -importante calzada que comunicaba las dos mesetas- durante la época romana Altoimperial (siglos I-II d.C.) con gran riqueza monumental, aunque también, centro de poder de un gran territorio que contaba con grandes edificaciones en los siglos IV y V, así como la gran calidad, variedad y cantidad de los materiales empleados en la decoración del edificio palacial, el conjunto de *marmora* (rocas ornamentales) más destacado del Occidente mediterráneo. Las edificaciones decayeron a partir de mediados del siglo V, a pesar de que fueron reocupadas tanto por visigodos como musulmanes. Durante el reinado de Alfonso VII, el edificio palacial se convirtió en la Iglesia de Santa María de Bartres, convertida desde el siglo XVI en ermita rural.

La colección de mosaicos, elaborados por tres talleres diferentes, la convierte en una de las más importantes de la península Ibérica, con más de seiscientos metros cuadrados que recrean personajes de; la Íliada, Neptuno y Anémona, Diana y Acteón, Hilas y las Ninfas, Píramo y Tisbe, bustos de Minerva, Diana o Hércules. El edificio palacial era el lugar donde el *dominus* recibía a sus clientes, invitados o amigos. Fue construido en; granito, piedra caliza y ladrillo con columnas de mármol traídas de Turquía, Túnez y Grecia y cúpulas de ladrillo, alguna revestida con mosaicos de teselas de pan de oro, paredes y suelos decorados con más de 39 variedades de mármoles creando así composiciones de *opus sectile* (mármoles recortados con motivos geométricos). Se conserva una vajilla y mobiliario excepcionales y una mesa fabricada de pórfido rojo egipcio, el material lapídeo más preciado de la Antigüedad cuyas canteras eran propiedad imperial. La Casa de Materno estaba dotada de todas las comodidades de la época y paredes pintadas con motivos arquitectónicos y florales. Por el contrario, el mausoleo era un pequeño edificio funerario de planta cuadrada y ábside semicircular en su cabecera. En su interior seguramente se colocaron los sarcófagos de mármol que contenían los restos del propietario y su familia. Al sur de la casa se encontraba el torculario donde se elaboraba aceite y vino.

Los tres edificios principales de Carranque son conocidos como; la Villa de Materno, la basílica y un ninfeo que se encuentra muy deteriorado, construcciones todas del siglo IV d.C.. El más monumental es la basílica, construida con hiladas de ladrillo y sillarejo y una extraordinaria decoración interior con mármoles procedentes de las mejores canteras del Imperio. Su importancia simbólica radica en que está situada en las proximidades de Titulcia, el eje viario de la Hispania romana y edificios relacionados con el emperador Teodosio I.

Esta villa es un ejemplo de las casas romanas del Bajo Imperio con una distribución que incluía: un patio con peristilo, al que se abren las estancias cuyos suelos estaban pavimentados con mosaicos geométricos o figurados de gran variedad temática. Las paredes estaban decoradas con pinturas porque quedan aún numerosos restos de colores y figuras geométricas en el nivel del suelo. El elemento estrella de las villas romanas solía ser el pavimento de mosaicos que indicaba datos importantes de la vida de sus moradores a través de la iconografía que representaban. En una pared de la villa está escrito el nombre del dueño: Materno. Además, las escenas mitológicas representadas en el pavimento nos hablan del magnífico gusto y cultura de los propietarios.

Recópolis, capital visigoda en Guadalajara

> 'Liugildus rex extinctis undique tyrannis, et pervasoribus Hispaniae superatis sortitus réquiem propiam cum plebe resedit civitatem in Celtiberia ex nomine filiii condidit, quae Recopolis nuncupatur: quam miro epere et in moenibus et suburbanis adornans privilegia populo novae Urbis instituit'.

Mientras el mundo romano se fragmentaba y la barbarie señoreaba el Imperio, el mayor avance en la antigua provincia de Hispania ocurrió a partir de 569 cuando el rey Leovigildo fundó la ciudad de Recópolis en honor de su hijo Recaredo. Fue la única ciudad que se edificó en todo el Mediterráneo entre finales del siglo VI e inicios del VIII. Se asentó en una vía de comunicación de gran relevancia entre el centro peninsular y la costa mediterránea y albergó a unas cuatro mil personas. Una de las explicaciones sobre la fundación de esta ciudad fue la de convertirse en la extensión del Estado visigodo toledano hacia el sur. En la nueva ciudad, Leovigildo, imitador de los romanos; acuñó monedas con su efigie,- al igual que los emperadores romanos, se adoptaron también las insignias reales romanas (la corona, el cetro y el trono) y la urbe llegó a asumir el título de *flavius* que ostentaron los últimos emperadores. En esta ciudad visigoda se hizo lo posible para eliminar las diferencias entre godos e hispanorromanos derogando la ley que prohibía los matrimonios mixtos e implantó un estado multirracial en el que convivían hispanorromanos, godos y vándalos. Como corona final de su grandeza, Leovigildo conquistó los territorios suevos y bizantinos de la península unificando así el reino visigodo como en los tiempos de Roma.

Con Leovigildo se equipararon a las prácticas de los emperadores bizantinos la política de nombrar ciudades con nombres de miembros de la familia imperial, así el rey vándalo Hunerico dio su nombre a una ciudad, *Hunericopolis*. En el reino ostrogodo, *Theodoricopolis* llevó el nombre del soberano Teodorico y en el siglo VI, bajo el emperador bizantino Justiniano, cuatro ciudades; Cartago, Hadrumentum, Capsa y Zabi se convirtieron respectivamente en: *Iustiniana, Theodoriana, Sofiana* y *Anastasiana*. De tal modo, la fundación de Recópolis se enmarca en esta tradición bizantina de consolidar el Estado dirigido por el linaje de la dinastía.

Desde la fundación de la ciudad en el 578 hasta mediados del siglo VII, se constata la existencia de un plan urbanístico previo con obras de; aterrazamiento y zanjas destinadas a la construcción de un palacio en la zona superior de la ciudad y alrededor de una gran plaza que tenía funciones residenciales, judiciales y fiscales. Otros dos edificios adyacentes tenían dos plantas cada uno, la superior tenía una función representativa con esmerados; pavimentos, capiteles, fustes, cimacios y otros elementos decorativos, y la planta baja de escasa decoración y con una función probablemente administrativa. Todos los muros de estos edificios estaban recubiertos por un enlucido de cal que daba una tonalidad blanquecina. Las vigas de la techumbre eran de pino y roble. La iglesia del conjunto palatino era un templo de planta cruciforme inscrita en un rectángulo, formada por una nave central y una transversal con un ábside semicircular de inspiración bizantina.

En el recinto interior amurallado existió una calle principal con; tiendas, talleres y almacenes dedicados a actividades comerciales y artesanales. Los materiales encontrados en estos espacios indican que hubo talleres de orfebrería, producción de vidrio, acuñación de monedas, restos de un horno, ánforas y vajillas producidas en el norte de África. Estos hallazgos indican que Recópolis pertenecía a una red de comercio a larga distancia que permitió la llegada de productos mediterráneos a la península ibérica.

La ciudad tenía dos sistemas de suministro de agua; a través de un acueducto y mediante cisternas, reflejo de un sistema mixto existente en otras ciudades de la época como Mérida. El acueducto captaba agua a dos kilómetros al sudoeste de la ciudad y al sur de la calle principal se ha localizado una cisterna destinada al abastecimiento público. Recópolis estaba rodeada por torres de hasta seis metros de altura en las que se abrían las puertas de entrada al recinto urbano. Toda la muralla circundante estaba recubierta por un enlucido de mortero de cal. La urbe no fue una sede episcopal ya que su fundación coincidió con la voluntad real de debilitar a la Iglesia católica en beneficio de la monarquía, de este modo Recópolis se asentó en una vía de comunicación privilegiada entre el centro peninsular y la costa mediterránea, con una población aproximada de cuatro mil habitantes.

La invasión árabe en el 711 introdujo nuevos modelos urbanos, administrativos y la construcción de mezquitas que supuso el abandono de las ciudades hispanogodas así Recópolis acabó por desaparecer construyéndose una medina en las proximidades ubicada en la villa próxima de Zorita de los Canes. La Historia es testigo de los tiempos, vida de la memoria, maestra de la vida y testigo de la antigüedad.

Bibliografía

VVAA, *Recópolis, capital visigoda junto al Tajo*. Diputación de Burgos: 1985.

La fortaleza almohade de Baños de la Encina

La fortaleza de Baños de la Encina es una de las más antiguas de Europa. Su muralla de tapial tiene quince torreones, incluida la Almena Gorda, la gran torre construida en época cristiana orientada hacia el pueblo. La planta es elíptica y en el patio de armas se edificó un alcázar tras la conquista cristiana de 1225. Una muralla interior rodeaba una torre cilíndrica de la que solo queda la base. La torre del homenaje tiene planta cuadrada, está construida en mampostería y su frente es redondeado para evitar las esquinas, flancos frágiles para los cañones. Desde su terraza, rodeada de almenas, se divisa el embalse del Rumblar, del valle del Guadalquivir y la sierra Mágina

La fortaleza fue erigida en un alto promontorio rocoso al sur de Sierra Morena por orden de al-Hakam II en el año 968. Los musulmanes aún dominaban la mayor parte de la península y tenían en jaque a los cristianos al norte de modo que construyeron fortalezas defensivas a lo largo de las fronteras. También es conocido como, *castillo de los baños* en árabe: *bury al-hamma* (el vocablo *bury* parece proceder del arameo: *burgin*, con el significado de *fortaleza* o *fuerte*) y *al-hamma* puede identificarse con, *fuente* porque existían entonces abundantes fuentes acuíferas en el cerro donde se asienta la fortaleza.

El califa ordenó levantar varias fortalezas a lo largo del camino que conducía desde Sierra Morena hasta Córdoba, con el fin de alojar a las tropas de mercenarios que hostigaban con razias los reinos cristianos del norte de Al-andalus y, al mismo tiempo, asentaba a la población. Con el tiempo la fortaleza pasó a dominio castellano tras su conquista por

Fernando III de Castilla en 1225. El rey lo cedió al arzobispo de Toledo y su defensa se encomendó a la Orden de Santiago. Poco tiempo después Fernando III integró el pueblo de Baños de la Encina en la jurisdicción de la ciudad de Baeza, y fueron entonces los caballeros castellanos quienes se asentaron definitivamente en la ciudad creyéndose más acreditados que los señores locales en la villa. En 1466 se construyó la torre del homenaje. Las excavaciones arqueológicas han puesto en evidencia la existencia de un asentamiento de la Edad de Bronce (cultura argárica), un *oppidum* ibérico del siglo IV y también un mausoleo de la época romana. Hasta 1828, el patio del castillo sirvió como cementerio parroquial.

La fortaleza tiene muros sobrios y un perímetro de forma oval punteado con catorce torres cuadrangulares de igual altura. La edificación posterior de la torre representaba el poder del ocupante según la costumbre feudal. Las murallas y torres están dotadas de almenas y perforadas por aspilleras que rodean el patio de armas donde se halla un aljibe cubierto por una bóveda de medio cañón. Los materiales de construcción son bastante sencillos, la materia prima es una mezcla denominada tapial, similar al adobe, hecha de; arcilla, arena, cal y piedra cruda, con la que confeccionaban los ladrillos. La cal garantizaba la robustez del edificio. Esta técnica de construcción obedecía a la necesidad de levantar con rapidez fortificaciones y explica el color característico de la fortaleza, que oscila entre el pardo y el rojo.

Bibliografía

Isabel Ramos Vazquez. *Memoria del Castillo de Baños de la Encina (s. XIII-XVII)*: 2003.

El Castillo de la Vieja Calatrava (Ciudad Real)

'El abad quedó preocupado por estas palabras de fray Diego, y puesto en oración, comprendió que Dios le llamaba para la lucha contra los infieles, decidió aceptar el divino encargo, y así, en enero de 1158, se presentaron ante el rey Sancho III, el abad Raimundo y fray Diego Velázquez pidiéndole la defensa de la plaza de Calatrava, no sin manifestar sus temores ante tan formidable despliegue de Abd el Múmen en la línea del Guadiana'.

Las órdenes militares castellanas. La orden de Calatrava: 1898.

Las primeras órdenes militares nacieron en Tierra Santa a instancias del poder pontificio para defender los Santos lugares y combatir a los musulmanes, expresando la vocación ecuménica de la Cristiandad. Entre las órdenes fundadas en España están las castellanas; de Calatrava, fundada en 1158,-cuando el castillo de este nombre, devuelto por los Templarios, fue entregado al abad cisterciense de Fitero-. Unos años después, en 1170, siguió la Orden de Santiago bajo el reinado de Fernando II de León. -cuando concedió la ciudad de Cáceres a Don Pedro Sánchez para que la defendiera de los almohades-. Y la Orden de Alcántara, fundada hacia 1175, -cuando Fernando II concedió el Convento de Pereiro a una cofradía de caballeros-.

Estas órdenes se fueron extendiendo por los territorios conquistados al Islam, edificaron castillos y desarrollaron un papel activo en la ocupación y repoblación de los territorios.

De este despliegue guerrero y repoblador, al final de la Edad Media, las Órdenes llegaron a tener el dominio de amplios territorios que se extendieron por gran parte de: La Mancha, Extremadura, zona nororiental de Andalucía y parte de Murcia. Las Órdenes militares castellanas participaron en todos los grandes conflictos políticos, nobiliarios y dinásticos, por tal motivo la Corona intentó que estuvieran bajo su control hasta los Reyes Católicos, cuando el Papa les concedió su administración y fueron convertidas en maestrazgos que se incorporaron a la Corona de Castilla en 1523.

Desde su fundación existió rivalidad entre los poderes temporal y espiritual. En España la conquista del reino nazarí en 1492, puso todo el territorio peninsular bajo dominio cristiano y desde ese momento, parte de la misión que hizo nacer estas Órdenes quedó cumplida. Los Reyes Católicos, creadores de un nuevo orden dinástico, no quisieron que las Órdenes militares castellanas escaparan al control político real e iniciaron un proceso de administración de estas milicias bajo la Corona de Castilla. La Orden de Calatrava entró en la administración real en 1488, la de Santiago lo hizo en 1493 y Alcántara en 1494. Hubo que sustituir al *maestre* de estas Órdenes por la figura laica de *administrador de los maestrazgos* que obtuvo la aprobación de Roma. Con la incorporación del primer maestrazgo los reyes introdujeron un Consejo con caballeros de cada Orden con competencias espirituales que, posteriormente, quedó unificado en 1523 en un Real Consejo de las Órdenes Militares. En los primeros días, los nombramientos recaían en miembros de las milicias pero con el tiempo se dio paso a funcionarios al servicio de los reyes. Los Consejos tenían que ocuparse de los pleitos civiles y criminales que afectaban a los caballeros. Además, el enorme patrimonio que aportaron estas instituciones militares supuso una importante dotación económica que beneficiaba a servidores y allegados del monarca. Solamente la Orden de Calatrava tenía 1.725.000 hectáreas, enormes extensiones de terrenos que fueron repartidos entre; encomiendas, mesas maestrales, prioratos y otras fundaciones, monasterios, conventos y señoríos eclesiásticos. Las encomiendas se entregaban vitaliciamente a caballeros de la orden que disfrutaban de sus rentas y del ejercicio de los derechos señoriales. La Orden de Calatrava contaba con 56 encomiendas con un valor de 135.000 ducados. De ser originariamente órdenes militares que luchaban contra el Islam en España, con el paso del tiempo, se convirtieron en el reducto donde acababan recalando los miembros de la aristocracia para vestir su hábito y lucir su cruz.

El Castillo de Calatrava la Vieja

La ciudad de *Qal' at Rabah*, actual Calatrava, fue fundada en la época omeya y era un emplazamiento de valor estratégico pero insalubre y despoblado. La primera mención documental conocida de Calatrava data de finales del siglo VIII. Se sabe que en el 785, el emir de Córdoba, Abd al-Rahman I, persiguió al rebelde toledano Abu al-Aswad hasta la fortaleza de Calatrava. En la época omeya fue capital de una extensa región dividida en numerosos *iqlim* o distritos. Los geógrafos árabes conocían muy bien la región pantanosa al noroeste de Calatrava, describiéndola como el lugar donde el Guadiana desaparecía y reaparecía en varias ocasiones antes de emerger definitivamente. La población se hallaba situada en el centro de la submeseta sur, en un importante cruce de caminos de gran valor estratégico. Por Calatrava pasaba la ruta principal entre Córdoba y Toledo, y también los caminos de Mérida a

Calatayud, y del Atlántico a Levante que generaba un intenso tráfico comercial y además en un área clave del sistema defensivo de la Meseta que cubría los accesos a Córdoba frente a los reinos cristianos del norte.

El valor estratégico de Calatrava explica sus cinco siglos de vida ya que la fortaleza jugó un papel decisivo en las luchas civiles que enfrentaron a los muladíes de Toledo contra el poder central cordobés, así como en las rebeliones berébe-res durante la época omeya. La importancia de la población se acentuó tras su total destrucción a manos de rebeldes toledanos en el 853 y de su inmediata reconstrucción por al-Hakam quien, al año siguiente, ordenó repoblarla con gentes venidas de Orteto, la antigua capital visigoda de la región. Durante ese periodo La Mancha se convirtió en el punto más importante de apoyo del poder central cordobés. Tras la abolición del Califato en 1031, Calatrava tuvo cierta independencia mientras que los reinos de taifas de Sevilla, Córdoba y Toledo se disputaron su dominio. La población y su castillo pasaron por primera vez a manos cristianas en 1085, después de la conquista de Toledo por Alfonso VI, una ocupación breve que fue desbaratada por la llegada de los almorávides, que tras la batalla de Zalaqa en el 1086, se apoderaron de toda la región. A partir de entonces, el castillo, se convirtió en el núcleo islámico más importante frente al Toledo cristiano.

En 1147, en pleno declive del poder almorávide, la ciudad fue tomada por Alfonso VII convirtiéndose entonces en la plaza cristiana más avanzada frente a los musulmanes. Ante la dificultad que suponía la defensa de una región tan amplia y tras fracasar la encomienda dada a los templarios, Sancho III entregó el castillo a la Orden del Císter en 1158 lo que dio lugar al nacimiento de la primera Orden Militar hispana que adoptó el nombre de la plaza: Calatrava, permaneciendo integrada en el reino de Castilla hasta 1195 cuando los almohades la recuperaron para el Islam tras su victoria contra Alfonso VIII en la batalla de Alarcos. No obstante, el mismo Alfonso VIII la retomó definitivamente en 1212, pocos días antes de la batalla de las Navas de Tolosa. El castillo pasó a manos de la Orden de Calatrava y comenzó desde entonces un proceso de decadencia; la ubicación era malsana por las humedades, estaba alejada de la frontera y por ello la Orden se estableció en Dueñas, a unos sesenta kilómetros más al sur, en una población llamada Calatrava la Nueva. Así, el pequeño asentamiento medieval calatravo fue desapareciendo hasta la Edad Moderna y a comienzos del siglo XVI, aparece ya completamente abandonada, convertida en un despoblado arruinado próximo a la vieja ruta entre Andalucía y Toledo.

Bibliografía

J.I. Ruiz Rodríguez. *Las Órdenes Militares castellanas en la Edad Media*: 2001.

J.C. Barrios Monedero 'La Orden de Calatrava. El esplendor de los caballeros' en *Historia*, nr. 10, 54-58: 2005.

M. Retuerce / M.A. Hervás 'Calatrava la Vieja. Fortificación de una ciudad islámica de la meseta' en *Castillos de España,* nr. 113. Asociación española de amigos de los castillos, 23-43: 1999.

El castillo de Belmonte y Eugenia de Montijo

'El reino de Castilla (en latín *Regnum Castellae*) fue uno de los reinos medievales de la península ibérica. Castilla surgió como entidad política autónoma en el siglo IX bajo la forma de condado vasallo de León, alcanzando la categoría de reino en el siglo XI. Su nombre se debió a la gran cantidad de castillos que se encontraban en la zona. Durante el siglo X, sus condes aumentaron su autonomía, pero no fue hasta 1065 cuando se separó del Reino de León y se convirtió en un reino por derecho propio. Entre 1072 y 1157 se volvió a unir a León, y después de 1230 esta unión se hizo permanente. A lo largo de este período, los reyes castellanos realizaron extensas conquistas en el sur de Iberia a costa de las taifas islámicas. Los reinos de Castilla y León, con sus adquisiciones, pasaron a ser conocidos colectivamente como Corona de Castilla, término que también llegó a englobar la expansión ultramarina'.

De estilo gótico mudéjar fue mandado construir por Don Juan Pacheco, Marqués de Villena en 1456, hombre de confianza del rey Enrique IV de Castilla y señor todopoderoso en el reino. La planta tiene forma de estrella y su interior está decorado con lujosas techumbres mudéjares en salones y galerías, así como su bestiario medieval esculpido en piedra sin parangón en España. Además se conservan en su interior salas ambientadas en el siglo XIX al estilo de la propietaria del castillo en ese siglo, Eugenia de Montijo, emperatriz de Francia por su matrimonio con Napoleón III y descendiente del Marqués de Villena.

La primera noticia que se tiene de Belmonte procede de los *Anales de Jueces de Cuenca* en los que se relata que el rey Alfonso VIII nombra juez de Cuenca, en 1208, a Domingo Martínez que es de *Bellomonte*. En otro documento notarial, el *Chronicon domini Joannis Emmanuelis* que data de 1329, dice que, en marzo de 1323, don Juan Manuel comenzó a construir las murallas de *Belmont*. Y fue el rey Don Enrique II quien, en febrero de 1367, en las Cortes de Burgos, concedió a Belmonte el privilegio de villa. Más tarde, en 1579, sus habitantes se dirigieron al rey Felipe II para decirle que:

> 'Este pueblo se llama Belmonte y desde el principio ha tenido este apellido. La causa de llamarse así es porque ha tenido y tiene un monte de mucha belleza, de encinas muchas y notablemente altas y gruesas'

El primer señor de la villa y castillo de Belmonte fue; Juan Fernández Pacheco (1350-1430) o João Fernandes Pacheco en portugués, un ricohombre de Portugal, noveno señor de Ferreira de Aves y Penela, alcalde del castillo de Celorico da Beira, de Santarén y guarda mayor del rey Juan I de Portugal. Tras su paso a Castilla, Enrique III le nombró el 16 de mayo de 1398 en Tordesillas, señor de Belmonte 'por ser persona de gran importancia para la guerra' y marqués de Villena. Once años después de haber recibido el marquesado, don Juan Pacheco inició la construcción del castillo, así en el Archivo municipal de Belmonte se conserva una escritura de 1456 que cita su construcción:

> 'E por quanto el dicho Sr. Marqués compró e ovo la dicha merced para facer bien e merced a todos los vecinos e moradores de la dicha villa, porque fuese más

ennoblecida e poblada e acrecentada, para lo qual a su merced place e quiere que la dicha villa toda sea cercada en derredor de cal y canto fasta la fortaleza que su merced manda facer e se face en el cerro de S. Cristóbal e a su merced manda facer e mandar facer a su costa la tercia parte de la dicha cerca, e que nosotros fagamos las otras dos a nuestra costa'

Desde su construcción el castillo siguió siendo una de las residencias favoritas de los marqueses de Villena y una vez extinguido su linaje, el señorío de Belmonte, por sucesivos enlaces matrimoniales, pasó a las casas de Miranda y de Montijo. En el siglo XIX, heredó el castillo la condesa Eugenía Palafox Portocarrero y Kirkpatrik, que se convertiría en emperatriz de Francia al casarse con Napoleón III, quien mandó restaurarlo.

Una condesa singular

María Eugenia Portocarrero y Kirkpatrik nació en Granada en 1826, sus padres fueron Cipriano Palafox, grande de España, y Manuela Kirkpatrik de Closeburn, hija del cónsul de EEUU. en Málaga. Al heredar su padre las propiedades y títulos de su hermano Eugenio la familia se trasladó a Madrid pero la guerra civil por la sucesión al trono y una epidemia de cólera, les obligó a emigrar a París donde su hermana Francisca y ella estudiaron en el colegio Sacré Coeur y fueron tuteladas por el escritor Próspero Merimée. Debido al fallecimiento de su padre en 1839, regresaron a Madrid instalándose en el palacio de los Montijo hoy desaparecido. Recién cumplidos los diecisiete años, una gitana le hizo una predicción; 'llegaría alto y viviría cien años pero terminaría en la oscuridad'. Tuvo muchos pretendientes y cuando su hermana se casó con el duque de Alba en 1843, disfrutó de una vida regalada en las reuniones de la alta sociedad, el teatro y los bailes de máscaras. En 1852 regresaron de nuevo a París donde asistieron con frecuencia a las fiestas de la princesa Matilde, prima de Napoleón III, emperador de Francia, quien comenzó a cortejarla y finalmente consiguió su mano en 1853.

Durante los primeros años como emperatriz, -una extranjera de extraña belleza, pelirroja y con ojos azules, de veintiséis años-, el emperador había cumplido los cuarenta y cinco-, emprendió una gira por Francia en ferrocarril, se dedicó a realizar obras de caridad, a patrocinar las artes, además de acompañar al emperador en los actos diplomáticos y protocolarios. En 1862 fundó una sociedad imperial para conceder créditos a los obreros que los necesitaran. Amiga de los viajes mandó construir *Villa Eugenia* en Biarritz donde solía pasar el verano. En 1856 dio luz a un hijo, Luis Bonaparte, apadrinado por el Papa y la reina de Suecia. El desastre de la guerra franco-prusiana supuso el fin del reinado de Luis Napoleón, pues al caer prisionero, fue derrocado. Eugenia partió al exilio a Inglaterra con su hijo, reuniéndose posteriormente con el emperador destronado que falleció en 1873 por una dolencia de estómago. En 1879, su hijo moriría también con 23 años, cuando combatía con los británicos en la guerra contra los zulúes en Sudáfrica, hecho que Eugenia nunca superó, y le hizo llevar riguroso luto hasta su muerte. El fallecimiento de su única hermana Francisca fue la puntilla para la ex emperatriz, que pasó sus últimos años aislada y consagrada a sus obras benéficas. Alternaba su exilio inglés con estancias en Madrid con sus sobrinos los Alba en el palacio de Liria, única familia que le quedaba, y en este palacio murió el 11 de julio de 1920, a los 94 años. Sus restos fueron repatriados a Inglaterra donde reposan junto a su esposo e hijo, en la abadía de Saint Michel, del condado de Hampshire, que Eugenia mandó construir como mausoleo.

Eugenia y la restauración del castillo de Belmonte

Días después de la muerte del conde de Montijo en 1839, la madre de Eugenia y su hija mayor, Francisca, heredaron todos los títulos, estados y señoríos que posteriormente pasarían a su hermana Eugenia, entre ellos el señorío de Belmonte con su castillo que, ya como emperatriz de Francia, mandaría restaurarlo al arquitecto Sureda, gastándose la suma de más de millón y medio de reales. En aquella época había surgido en el país vecino un afán por restaurar castillos y de estas obras, realizadas entre 1857-1870, datan la; escalera de madera que une el patio con los pisos superiores, la arquería de ladrillo del patio de armas, los escudos de la escalera y todas las chimeneas del castillo. Después de la caída del imperio francés en 1870 cesó la restauración que continuaría más tarde su sobrino nieto, el XVI duque de Peñaranda que murió asesinado en Paracuellos del Jarama en noviembre de 1936. Años después, Hernando Alonso Fitz-James Stuart y Saavedra (que con catorce años escapó de los milicianos disfrazado de sirviente) se convirtió en señor de Belmonte.

El castillo de Belmonte, mandado construir por don Juan Pacheco en 1496, quedó así en manos de los descendientes de Hernando Alonso y es propiedad de la casa ducal de Peñaranda y Montijo que mediante sus aportaciones y una serie de subvenciones estatales han convertido el castillo en un museo.

La agonía de la condesa

'El sacerdote comenzó la oración de los agonizantes. Ella (Eugenia), en su larga vida, había rezado muchas veces por sus amigos aquella plegaria. No por sus allegados. Hermana, marido, hijo y madre, murieron sin su asistencia'.

La alcoba estaba vivamente iluminada. Sólo el lecho permanecía en penumbra. La emperatriz parecía no sufrir ya. Entraba en el período comatoso, ese puerto en el que el alma embarca en silencio. Sus ojos estaban cerrados, sus manos no se movían. A veces, un temblor recorría su cuerpo. Menuda bajo la sábana, no respiraba apenas.

El padre murmuraba:

—Aléjate de este mundo, alma cristiana, en nombre de Dios todopoderoso que te ha creado, en nombre de Jesús que ha sufrido por ti, en nombre del Espíritu Santo, en nombre de los Tronos y Denominaciones, en nombre de los mártires y de los confesores. Recibid Señor, a vuestra sierva en el descanso de vuestra paz.

Voces de mujeres se unían a las del sacerdote. La fe de las edades primitivas descendía sobre el aposento.

—Os rogamos, Señor, que olvidéis las faltas de su juventud e ignorancia, los errores a que la arrastraron la ira o el ardor de sus pasiones porque, aunque ha pecado, ha creído, ha amado a Dios. Eugenia abrió los párpados y volvió a cerrarlos.

Llegó el día, a través de las persianas. Se oía cantar a los pájaros en los jardines. Las cornetas del cuartel vecino tocaban diana.

En torno a la emperatriz, ya en los últimos estertores, oran sus parientes, arrodillados. Aún han de esperar. La singular vitalidad que animara este pobre cuerpo no se extingue sino lentamente. Son las ocho. Suenan en las iglesias las campanas del domingo.

—Aléjate, alma cristiana— repetía el sacerdote.

Y aquel alma, obediente al fin, se alejó por fin de este mundo'.

Bibliografía

Miguel Salas. *El Castillo de Belmonte. De Don Juan Pacheco a la Emperatriz Eugenia de Montijo*: 2017.

Octave Aubry. *Eugenia de Montijo, emperatriz de los franceses*, 353-354:1992.

Sobre relatos

El Monasterio de El Paular

'El día noveno. En la fuerza estaba la *luz* que provenía de un *centro*. En la disolución de la energía había un alejamiento del centro, y en su unificación y evolución, un funcionamiento del centro luminoso. No me extrañó encontrar en antiguos pueblos la devoción por el dios-sol y vi que, si algunos adoraron al astro porque daba vida a su tierra y a la naturaleza, otros advirtieron en ese cuerpo majestuoso el símbolo de una realidad mayor. Hubo quienes fueron más lejos aún y recibieron de ese centro incontables dones, que a veces descendieron como lenguas de fuego luminosas, a veces como zarzas ardientes que se presentaron ante el temeroso creyente'. (Silo, *La mirada interna*: 1973)

Los reyes durante la Edad Media solían fundar monasterios que colmaban de favores y privilegios con la esperanza de que los monjes rezaran por sus almas. Decidida la fundación de un monasterio en los territorios conquistados a los musulmanes, se veían en dificultades para elegir entre las numerosas órdenes entre; dominicos, benedictinos, franciscanos, cartujos, jerónimos y otras menores. Había periodos en los que ciertas órdenes disfrutaban de especial protección. Así por ejemplo, los Trastamaras sentían una especial predilección por la Orden de los Cartujos, fundada en 1084 en los alrededores de Grenoble por San Bruno y sus monjes. Esta orden, inspirada en la de San Benito, pero acentuando las austeridades y tendencias contemplativas, se difundió por Italia, y luego por otros países. Dos siglos después de su fundación, contaba ya con más de cien monasterios en toda Europa, en

España en; Silos (Burgos) con raíces visigóticas, Leyre (Navarra), fundado antes del 848 y Valvanera (La Rioja, que data del mismo siglo). La benedictinización en España es relativamente tardía y se expandió por la mitad norte debido a que el sur de la península se encontraba bajo ocupación musulmana. Se inició durante el abadiato de San Odilón de Cluny (994-1049), cuando la Orden tenía ya cinco siglos de vigencia. Dos monasterios se construyen expresamente para monjes benedictinos; Montserrat (Barcelona), fundado hacia el 1025, y Estíbaliz (Vitoria), que se remonta a 1138. Los dos restantes, El Paular (1954) y el Valle de los Caídos (1958). Son de reciente fundación.

Llegaron vestidos de blanco, con la cabeza rasurada para ponerse a remover piedras, igualar el terreno, zanjar canales y construir caminos. El sucesor de Juan I, Enrique III (1390-1406), hizo construir una capilla provisional, próxima a su palacio de caza, el principio de una obra que se ha prolongado durante siglos; se creó iglesia, claustro y huertas. La comunidad cartuja de El Paular disfrutaba del derecho exclusivo de pesca en el río, desde las fuentes del Lozoya hasta el pueblo de Pinilla. Tenía derecho, además a las rentas y contribuciones de la explotación de una granja que el monasterio poseía en Talamanca que les producía cada año gran cantidad de ganado, trigo y vino. Estas rentas permitieron al monasterio la adquisición de ornamentos para el culto, manuscritos, libros, cuadros y muebles.

En 1781, el emperador José suprimió todas las cartujas de Austria, Lombardía y Flandes, y tres años más tarde, los cartujos españoles se rebelaron. El Paular fue uno de los monasterios más activos de esa ruptura. En 1808 un decreto de José Bonaparte cerró en España todas las órdenes religiosas y los miembros de las comunidades tuvieron que volver junto a sus familiares o encontrar refugio en casas amigas, hasta que en 1813 la vida monástica pudo reanudar su vida normal aunque por poco tiempo ya que en 1820, el rey Fernando VII, decretó nuevamente la supresión de todos los monasterios, y en 1835 se puso en marcha la confiscación de los monasterios en beneficio del Estado. Los monjes fueron así arrojados de sus celdas y puestos en la calle con la excusa de vivir de la ignorancia de los fieles. Unos monasterios se convirtieron en ruinas, otros fueron totalmente abandonados o se transformaron en almacenes o cuarteles.

En 1954, el monasterio de El Paular reabrió con la presencia de cinco monjes procedentes de la Abadía de Valvanera en Logroño, -siete más en 1957- y así se convirtió, desde entonces, en un centro de espiritualidad donde acuden hasta maestros de yoga. El prior, Miguel Muñoz Vila, natural de Enguera, partido judicial de Játiva, -un hombre tierno y didáctico- camina con brío entre pinturas de Vicente Carducho, en una especie de museo menor de El Prado a través de una pinacoteca con cincuenta y dos lienzos, uno de ellos de Lope de Vega en actitud de contrición. Las vocaciones escasean, el padre prior es el maestro de novicios que invita a que pasen en la cartuja un mes. Y si todo va bien, se convierten en postulantes vistiendo blusón con capucha negra, un postulantado que dura medio año. Una vez terminado el noviciado, se firma una cédula de compromiso que fija la promesa de vivir en pobreza, obediencia y castidad durante tres años, y posteriormente, comprometerse a entrar en la comunidad de monjes con pleno derecho. Recientemente un profesor de Filología lo ha dejado todo por ingresar en la Orden benedictina y el prior menciona la historia de James T. Connell, canciller del presidente Truman, que dio su visto bueno a la bomba que se lanzó sobre Hiroshima y ahora descansa en el cementerio del monasterio El Paular.

Soli meruere beati

Entre plumajes de encrespada nieve.
El Paular, garza del desierto yace,
y si el invierno todo el hielo pace,
todos los rayos al verano beben.
Sitio es éste (mortales) a quien debe
luces la ceguedad que el mundo hace;
y a tanto fénix como en él renace,
mucha veneración, culto no breve.
De santidad erario es verdadero,
seguro puerto al leño derrotado,
delfín del naufragante pasajero.
¡Oh esfera celestial! ¡Oh dulce estado!
solo tu albergue, a la tibieza austero,
ha merecido el bienaventurado.

(Pedro Solís y Valenzuela, siglo XVII).

Bibliografía

Ildefonso Gómez. *El Paular. Poesía y Leyenda:* 1979.
Rafael Muñoz Ramírez. *Los Benedictinos y el Real Monasterio de Santa María de El Paular*: 1995.

El Valle de los Caídos: el sueño de un general

'Decálogo de la salud: amar a los hombres y a la Naturaleza es una búsqueda paciente del bien y del progreso. La salud del cuerpo depende de la salud del espíritu. Estar en rebeldía contra valores tan inefables como la; rectitud, la verdad, el amor o la fe no conduce a tener buena salud. Materia y espíritu están unidos. Sin comprender el secreto de la existencia, la irrealidad de las cosas terrestres, todo parece resultar confuso. Es preciso sentirse imbuido por el espíritu de una benevolencia profunda hacia la vida. Ser bondadoso implica no perder ocasión de prestar un servicio, de ayudar a los débiles o ignorantes, de guiar a otros en el progreso espiritual, de mejorar cuanto nos rodea. Si cada uno se contentara con actuar bondadosamente, en mostrar una conducta honesta en lugar de perderse en buenos deseos, la vida en la tierra sería paradisíaca'.

JMY. Hospedería del Valle de los Caídos:1974.

Al final de la Guerra civil a: un escultor, un arquitecto y a un militar se les ocurrió la idea de realizar un monumento de exaltación fúnebre y triunfal, edificar un arco de triunfo o una gran pirámide que cantara la victoria y honrara a los muertos de la guerra:

'Por todas partes empezaron a surgir cruces y cruceros en homenaje y recuerdo de los héroes, los mártires, los caídos en la contienda. Sobre las piedras seculares de las ermitas románicas, sobre los muros, las fachadas de las altivas catedrales góticas, a las puertas de las iglesias, bajo los soportales y los aleros de las construcciones renacentistas, en las grandes y pequeñas poblaciones, capitales de provincia y en los remotos pueblos, se inscriben en los brazos de la cruz los nombres de los muertos en el bando de los vencedores'.

A comienzos de 1940, Francisco Franco, acompañado por el general Moscardó recorrió la Sierra de Guadarrama hasta dar con la finca Pinar de Cuelga *Moros* que era propiedad del marqués de Muñiz. En el terreno se encontraba el Risco de la Nava una mole granítica y desolada que impresionó a los generales y tras esa visita, el 1 de abril del mismo año Franco tomó la decisión de elegir ese paraje para edificar su pirámide espiritual e hizo estallar el primer barreno simbólico ante; los embajadores de Alemania y Portugal, el arquitecto encargado de la obra (Muguruza), autoridades militares, jerarquías del Movimiento inaugurando así la obra magna de la Cruz del Valle de los Caídos, un monumento imperial en una zona geográfica poco habitada de un país arrasado y carente de las necesidades más elementales.

Para la enorme construcción del monumento se necesitaba mano de obra de modo que se estableció un sistema (a cargo del empresario Juan Banús) para la Redención de Penas por trabajo. En la nueva ley se establecía la redención de dos días de pena por cada uno de trabajo que se ampliaría, en 1943, hasta tres por cada uno trabajado según el artículo 100 del Código Penal vigente entonces. Su objetivo principal consistía en: 'acometer la labor de arrancar de los presos y de sus familiares el veneno de odio y antipatria', y de ese modo las cárceles españolas sirvieron de cantera para proporcionar trabajadores. Durante la inmediata posguerra, en aquellos años de hambre, un trabajo, por muy duro que fuera en el que se pudiera comer, era mucho mejor que el rancho e incertidumbre que ofrecían en la cárcel. Los presos políticos eran alojados en pobres barracones de cantería, los encargados de obra tenían allí a sus familias otros se hacían chabolas con ramas y vivían temporalmente en el monte. Los penados vestían gorro y uniforme de rayas azules y blancas con una P que les identificaba como presos. Con el tiempo se construyó una escuela y una enfermería. Para el *rescate espiritual* de los presos se fundó un Patronato Central y unas Juntas locales en los pueblos formadas por; el alcalde, afiliados a la Falange, el cura y un vocal de libre nombramiento. En general los trabajos de los presos se concibieron desde el primer momento en favor del Estado, las Diputaciones y los Ayuntamientos, pero también podía utilizarse esta mano de obra barata en empresas privadas que, a propuesta de las Juntas, aprobase el Ministerio de Justicia. A finales de 1943 estaban trabajando en la mole granítica de *Cuelgamuros* unos seiscientos penados, sacados de diversas prisiones; campesinos, obreros, intelectuales y militares republicanos, y en algunos casos, sus familias residían también en barracas dentro del recinto aunque ya en 1950 fueron pocos los presos políticos que quedaban trabajando en el Valle. Al cabo de una década el monumento no se terminaba. Era conocida la afición de Francisco Franco por el dibujo pero su vocación frustada, según Millán Astray, fue la Arquitectura. Las obras de Cuelgamuros las llevó él casi personalmente. En una ocasión se hizo construir una escalinata de madera de 370 peldaños hasta alcanzar la altura del Risco de la Nava, y comprobar sobre el terreno el estado de la cruz monumental. Las obras de ampliación de la cripta al doble de sus dimensiones se adjudicaron en junio de 1950 y fue la empresa Huarte la encargada de terminar los trabajos en 1954.

Además de las nueve figuras o grupos escultóricos colosales que fueron realizados en granito: los cuatro apóstoles y las cuatro virtudes cardinales al pie de la Cruz, el escultor Juan de Avalos esculpió también otras cuatro imágenes para el altar mayor de la basílica en bronce aunque de menor tamaño. Bajo las órdenes del arquitecto Diego Méndez (quien sustituyó a Muguruza) y la inspiración más o menos vaga de Francisco Franco,- que hizo de su propia mano algunos dibujos para los trípticos- otros muchos artistas colaboraron en la decoración de la basílica. Por otra parte los canteros de Alpedrete y Collado Mediano fueron los que labraron la mayor parte de las piedras con las que se realizó la obra monumental. En 1957 aún trabajaban dos mil obreros en las distintas construcciones del Valle.

De los contactos que se habían establecido con los religiosos que se ocuparían del culto en la basílica, se puso de relieve que la ubicación del edificio que se estaba construyendo distaba cientos de metros de la entrada posterior de la cripta, tras el Risco de la Nava, y esto a los monjes les pareció que no podrían soportar recorrer aquella distancia en los días invernales con los vientos helados hiriendo sus carnes y la nieve mojando sus pies. Y así se inició la construcción del monasterio en las inmediaciones del Risco de tal modo que los monjes pudieran acceder a la basílica por una galería interior excavada en la roca con techo abovedado, y tomar luego el ascensor, así en agosto de 1957 se creó por decreto-ley la Fundación de la Santa Cruz del Valle de los Caídos:

'Era la fe religiosa del pueblo español, el sentido profundamente católico de la Cruzada y el signo social del nuevo Estado nacido de la victoria los que exigían que el monumento no fuera una simple *construcción material,* sino un lugar de oración y estudio donde al tiempo que se ofrecerían sufragios por las almas de los que dieron su vida por su fe, y por su patria, se estudiara y difundiera la doctrina social católica, inspiradora de las realizaciones sociales del Régimen'.

Junto con la Fundación, que se inauguraba bajo el palio del Alto Patronato del Jefe del Estado, se establecía también la abadía benedictina del Valle de los Caídos (dependiente en un principio del Monasterio de Silos) con veinte monjes profesos, además de un número indeterminado de novicios. Las obligaciones de la nueva abadía iban a consistir en; mantener con el culto, dirigir una escolanía, celebrar ejercicios espirituales y cuidar de la hospedería. Por otra parte, la recién fundada abadía tendría que dirigir un Centro de Estudios sociales y recopilar la doctrina de los Pontífices y pensadores católicos en su biblioteca. Al frente de la abadía, según un acuerdo entre la Iglesia y el Estado, se nombró a un abad con la responsabilidad de administrar la basílica y los edificios en el Valle de Cuelgamuros.

El 1 de abril de 1959, veinte años después de iniciadas las obras, se inauguró finalmente el monumento. Francisco Franco ante un gentío de miles de asistentes afiliados al Movimiento acudieron en autocares desde todas las ciudades de España, y la Delegación de Trabajo de Madrid publicó una nota oficial recordando a las empresas la obligación de conceder permiso a los empleados que quisieran sumarse a la celebración en el Valle de Cuelgamuros. Ese día fue un momento culminante de la estrecha relación histórica entre Iglesia y Estado. La religión seguía siendo un factor clave para la unidad de España, aglutinante político y vehículo de unidad cultural e inspirador de la legislación. El general Franco, en compañía de su esposa, reivindicó en la inauguración el espíritu de la Cruzada en su lucha contra la anti España y exclamó:

> 'Sería pueril creer que el diablo se someta, inventará nuevas tretas y disfraces, ya que su espíritu seguirá maquinando y tomará nuevas formas de acuerdo con los tiempos'.

Después de una misa en la esplanada ante la enorme cruz de granito, las empresas constructoras distribuyeron bolsas de merienda a sus respectivos obreros, -entre los que se encontraban antiguos penados-. Y en el barracón de los técnicos, administrativos y encargados de obra corrió el champán.

En el decreto de creación del monumento no hubo mención alguna a los españoles fallecidos en trincheras opuestas. Los enterramientos se ofrecían solamente a españoles católicos caídos en la guerra. Miles de restos de los muertos en la contienda comenzaron a llegar hasta los sótanos del grandioso monumento desde los cementerios de muchas ciudades españolas, y desde su inauguración sentó mal en determinados sectores del Régimen que pudieran enterrarse en el mismo lugar a los caídos *rojos* con los *héroes* de la Cruzada. El 30 de marzo de 1959 se trasladaron los restos de José Antonio Primo de Rivera fundador de la Falange y se celebró una ceremonia a la que el general Franco no asistió.

Aunque Francisco Franco no deseaba que lo enterraran en la basílica, su tumba habían empezado a prepararla semanas antes de su fallecimiento aunque el hueco y la losa ya estaban hechos desde 1956, y funcionarios con técnicos habían ensayado durante días la maniobra del enterramiento. Una losa de media tonelada cubrió la tumba una vez que el féretro llegó hasta el fondo. Existen también testimonios de experiencias metafísicas en el recinto de la Cruz, un grupo de lamas tibetanos dijeron haber captado una intensa energía espiritual, y una ciudadana salvadoreña escribió un artículo en la prensa de su país en el que destacaba su magnificiencia, y añadía que le gustaría que los salvadoreños erigiesen un monumento semejante, *una fosa común donde orar por los que murieron por Dios y por la Patria* y afirmaba:

> 'Yo he visto a gente sudando sin motivo aparente, y me han dicho que han tenido sensaciones muy fuertes, positivas que proporcionaban paz y sosiego interiores, energía espiritual, incluso gente de izquierdas'.

En el año 2019 los restos del general Franco fueron exhumados y trasladados a un panteón familiar en el cementerio de El Pardo Mingorrubio. Bajo la cruz monumental yacen los restos de miles de combatientes de la guerra fratricida.

> 'Cruz de piedra que miras al cielo, /y en la roca eres templo y altar; / eres faro y estrella que guía, / que guía el camino de la Patria inmortal'.

Bibliografía

Daniel Sueiro. *La verdadera historia del Valle de los Caídos:*1976.

Fernando Olmeda. *El Valle de los Caídos. Una memoria de España:* 2009.

VV.AA. *Santa Cruz del Valle de los Caídos*:1984.

Teófilo en el monte: La Garganta de El Espinar

'Honourable Secretary General, dear Delegates: we have asked for the floor because we believe it is the duty of our ancient nation to help you, today as always in the past. But we are not so used to talking. We are quiet by nature and you animals are so restless, always ready to run away from problems rather then resolving them. You are wearying, impulsive, proud. You prefer speed over contemplation, ephemeral power over the glory of life. The number of your shortcomings would not allow for excuses, but you are still a very Young and inexpert species that knows how to learn fast. Do not be hardheaded. Do not persevere in eror. Learn from those who have more experience than you and you will have a radiant future. We leave you as a gift our Constitution, with the wish that it may help you to find the road to a long and happy cohabitation with us and our marvellous planet. Take care of yourselves. I now return to the joys of my community'.

The Nation of Plants

El siglo XIX, y especialmente su segunda mitad, inauguró una época de cambios transcendentales para los montes españoles. Hasta entonces, el conocido como Antiguo Régimen de Montes había dejado como legado un patrimonio forestal en desigual estado de conservación por siglos de costumbres de uso no siempre compatibles con el bosque. El primer paso hacia la protección efectiva de nuestros montes se había producido en el siglo XVIII, en 1748, año en que Fernando VI promulgó la *Real Ordenanza para el aumento y conservación de Montes y Plantíos*, que fijaba las obligaciones de los vecinos en relación con la repoblación de sus términos, cortas a practicar, castigo de los incendiarios y guardería de los montes quedando su cumplimiento encomendado a los *corregidores,* que someterían por primera vez los aprovechamientos anárquicos a licencia previa. El mismo año, otra *Real Disposición,* encomendada a los Ministros del Consejo que pasarían a denominarse; *jueces conservadores* velarían por la conservación y fomento de los montes y plantíos de los pueblos comprendidos en un radio de veinte leguas de la Corte (que incluía el monte La Garganta) y demás predios no custodiados por la Marina Real.

Posiblemente la falta de aplicación práctica de esta Ordenanza motivó que en 1762 Carlos III tuviese que promulgar la *Real Cédula* de 17 de febrero y la *Providencia* de 19 de abril, de ámbito geográfico restringido a un radio de veinticinco leguas en torno de la Corte, según las cuales se encomendaba la supervisión y cuidado de los montes a unos funcionarios denominados: *visitadores de montes* que debían realizar inspecciones periódicas en primavera y otoño. 1761 fue el año en que, por *Real Decreto* de 28 de junio de Carlos III, se incorporaron a la Corona los Pinares y Matas de robledales de; Valsaín, Pirón y Riofrío, promulgándose ese mismo año la *Ordenanza* para la custodia, administración y conservación de tales Reales Pinares y Matas de Robledales, y también el año de la promulgación de la *Real Ordenanza* de 4 de agosto que fundó la Compañía de fusileros guardabosques reales, una disposición precursora de los actuales Cuerpos de Guardería forestal.

En 1859 se creó la Escuela de Prácticas para completar la educación académica de los alumnos de la Especial de Ingenieros de Montes de Villaviciosa de Odón. La *Real Orden* de 9 de diciembre del mismo año ubicaría dicha Escuela en el monte: *La Garganta de El Espinar*, una imponente masa de pino silvestre de unas tres mil hectáreas procedente de una adquisición por el municipio de El Espinar en 1381 de la finca; Garganta de Ruy Vázquez, al vecino de Segovia Sancho Fernández. Tan ligada está desde entonces La

Garganta a El Espinar, que éste consiguió en 1626 el privilegio de *villa* comprando su separación de la ciudad de Segovia a Felipe II mediante una hipoteca sobre su arbolado. Al frente de la Escuela de Prácticas fue nombrado un prestigioso ingeniero, José Jordana y Morera, nacido en Cervera (Lérida) en 1836 y con experiencia en los distritos forestales de; Cuenca, Jaén y Huesca que junto con su trabajo en El Espinar le llevaría a los más altos cargos de la Administración forestal. La Escuela tenía como objetivo la formación en el monte de los alumnos de Villaviciosa de Odón con trabajos de; topografía, selvícolas, largas caminatas y estancias en campamentos, así como desarrollar en España una *Ciencia de Montes*, a imitación de Francia y Alemania, para iniciar un proyecto de ordenación en el monte: La Garganta para que sirviese de modelo a otros proyectos que se redactasen en el resto de montes españoles. El Cuerpo de Ingenieros de Montes se fundó el 18 de noviembre de 1846. Jordana fue el pionero que no solamente redactó la primera *Memoria* sino que, debido a sus aficiones humanísticas, retrató el monte no sólo como productor de madera sino dando una gran importancia al hombre como parte integrante del medio; a sus costumbres vecinales e históricas, acervo lexicográfico y cultural e incluyendo extraordinarias descripciones de las labores en el monte; el apeo, la labra, el cordeo, el carboneo, los gabarreros, los matuteros, los vaqueros y otras que suponen un trabajo antropológico.

Los datos recopilados en la *Memoria* coinciden con la instauración de la Administración forestal moderna, y se redactó con la perspectiva de setenta años de estadística municipal previa. Jordana tenía un gran respeto a los leñadores y señalaba que los mayores enemigos del bosque eran los habitantes de las ventas y pueblos que, durante la noche, solían cortar pinos que trozeaban y transportaban antes del amanecer hasta el Puerto de Guadarrama y vender la leña en el límite de la provincia de Madrid. Por otra parte se lamentaba de que en setenta años, 5300 pinos habían sido cortados fraudulentamente, frente a otros 24.448 maderables inutilizados por el fuego, la triste historia de la decadencia de los montes por; incendios, codicia de los ganaderos, egoísmo de los vecinos, abandono de los pastores y las intenciones criminales de los malvados que habían tenido una tea incendiaria en la mano. Jordana fue un ingeniero que creía fervorosamente en la conveniencia de conservar la vegetación de leñosas en la Sierra de Guadarrama.

A este pionero de la conservación de los montes en El Espinar siguieron después de la Guerra civil tres ingenieros que continuaron con su tarea; Marcelo Negre (Primera ordenación de La Garganta), Jesús de Yraola (Quinta revisión de ordenación) y José Luis Aboal (Séptima revisión). En conjunto, en las décadas en las que estos ingenieros trabajaron, se repoblaron unos seiscientos mil árboles en el monte. De semejante proeza, tras una guerra civil que devastó el monte, permanece un monumento vegetal: *el pino de Cardosillo*, de unos 35 años, con una copa poblada y densa, que le ha granjeado el nombre de *pino presidente*.

Es aquí, en este monte, donde he vivido casi la mitad de mi vida. Al fin he llegado a fundirme con los árboles. Ya soy tierra, raíces. A mi padre maestro, durante la Guerra civil, lo sacaron de su clase, para llevarlo a las afueras de Segovia, y allí, en una arboleda, lo fusilaron. Le habían acusado de ser comunista cuando en realidad era un santo que iba a misa todos los domingos. Pura maldad. Mi madre enloqueció al ir a recuperar su cuerpo ensangrentado. En la ciudad me llamaban *Teofilín, el hijo de la loca*. Al colegio llegaba a menudo llorando porque mi madre me encerraba durante horas en un cuarto oscuro y me azotaba. Estaba desquiciada. Me acusaba de ser un *hombre malvado*, no me veía como a un niño indefenso sino, en su delirio, como a un monstruo, hasta que un día, Pepe un compañero de clase, sintió tanta lástima de mí que le pidió a su madre, una sobrina del historiador Menéndez Pidal, que me adoptara. Y de ese modo durante el invierno de 1949 me mudé a una casa señorial de la calle Real en pleno centro de Segovia. En esa enorme casa de ensueño, con una madre adoptiva paralítica y en silla de ruedas, conocí, de niño, al coronel nazi Otto Skorzeny, que tarareaba conmigo canciones en alemán y me llamaba *rubiales*. Mi nueva madre, Pilar, era díscola y a pesar de su minusvalía le gustaban los hombres. En una ocasión, un almirante que la frecuentaba, mi amigo Pepe y Otto el alemán le quitaron el coche para dejarlo abandonado en La Fuencisla. Al pobre almirante casi le dio un infarto porque era coche oficial y visitaba a su amante sin notificar su ausencia en el Almirantazgo de Madrid.

Pero ahora me cuesta hacer memoria porque soy tierra, raíces, lodo enfangado en este monte aunque los recuerdos afloran entrecortados.

Segovia era mi ciudad, mi vida, en ella crecí, estudié e hice buenos amigos. Santi fue el mejor de todos ellos. Tocaba la guitarra y yo, la armónica, así que nos contrataban para tocar en los bailes del Hotel Las Sirenas, en la calle Real. Teníamos mucho éxito. Un día decidimos hacernos pilotos porque ambos queríamos volar alto, subir hasta el cielo aunque ahora ambos yazcamos bajo tierra como raíces. Desde Madrid viajamos en tren hasta la base aérea de San Javier durante veinticuatro horas. Había entonces trenes lentos alimentados con carbón y llegamos hasta la base militar cubiertos de carboncillo. Santi pasó la prueba de clasificación con facilidad, tenía veintidós años. Yo tuve que repetirla al año siguiente porque los oficiales no consideraron válida mi licencia como piloto de Vuelos sin Motor, así que me vi obligado a solicitar una revisión del examen. Santi dejó Segovia e ingresó en el Ejército del Aire en 1957 como Brigada Piloto de Complemento para orgullo de sus padres que le adoraban. Era un hombre; jovial, simpático, buena persona, honesto. Y ahora, desde la tierra, rezumamos una humedad que sube por nuestras raíces. Y entonces, el 7 de enero de 1957, fue cuando ocurrió la tragedia. Santi volaba con su escuadrilla por los cielos de Teruel, avisó a la torre de control de tener dificultades con el motor, y aún así, decidió proseguir volando para desafiar a la misma Muerte. Era joven, temerario e inexperto. El avión cayó en picado en Alcoriza y apenas recuperaron sus restos. La noticia del accidente me partió el corazón y aún hoy, en la oscuridad del barro, sangro de dolor por estas raíces que me aprisionan. La lluvia y un llanto inconsolable me han desvelado muchas noches hasta la vejez. Desde entonces mi vida siguió sin Santi dejando un enorme vacío en el alma. Guardé en un cajón la armónica y no volví a tocarla hasta mucho más tarde, en familia, durante las Navidades. Me marché a Madrid para estudiar Derecho, allí me doctoré, y fui también uno de los primeros psicólogos en España. Procuraba por todos los medios olvidar el pasado; a mi padre asesinado, -en la posguerra pude ver a uno de los culpables del fusilamiento paseando impune por la calle-, a una madre demente, el haber perdido a un amigo del alma, y a Pilar, mi madre adoptiva que se había mudado a Madrid donde llevaba una vida regalada y superficial. Las vidas son ríos que van a dar a la mar, que es el morir. Al poco de graduarme comencé a trabajar en Recursos Humanos y entonces me contrataron en la Empresa Nacional de Petróleos, CAMPSA como jefe de personal donde destapé tramas de corrupción y nepotismo ya que la mayoría de los empleados contratados eran incompetentes pero todos vecinos de Colmenar Viejo, tierra natal del Director General de la compañía. En una ocasión, tuve que acudir a la Guardia Civil, -en el aeropuerto de Barajas- porque altos cargos de la empresa habían organizado una juerga en la sala VIP paralizando la salida de un avión. Pero todo esto ya no importa porque soy tierra y raíces.

En 1965 me destinaron a trabajar en Austin, Texas, para seleccionar a los empleados latinoamericanos que solicitaban trabajo en las empresas petrolíferas, y por un azar del destino, fue allí donde conocí a Birgitte, mi mujer, una alemana de Augsburgo que trabajaba en el hotel donde yo me alojaba. Enseguida nos enamoramos y al cabo de un año ya nos habíamos casado. La tenía tanto cariño que aprendí alemán. Luego vinieron los hijos y las responsabilidades, pero al ser ya parte del bosque, estos recuerdos no existen en realidad.

Los árboles han permanecido creciendo con miles de raíces bajo toda La Garganta y ahora soy parte de ellas. En 1978 perdí a una hija en un accidente de tráfico que se transformó también en raíces aunque, su recuerdo, aún anide en mi corazón. También mi querida mujer se alejó de mí, en la tierra, y cuando eso ocurrió, busqué cobijo en este bosque, en una casa de campo solitaria donde he vivido solo durante décadas, aunque entonces existía entre los vivos. Los ciervos, jabalíes y toda clase de aves han sido mis auténticos compañeros *en todo este tiempo*, y un arroyo que me traía savia.

Hoy nos hemos convertido en raíces y, a pesar de nuestra apariencia frágil y delicada, vivimos escondidas en el seno de la tierra, crecemos sin cesar, incluso, fracturando rocas. Y para poder trascender, el tamaño de las hendiduras del suelo debe ser mayor que nuestras raíces, así el agua del interior de nuestras células puede generar una turgencia que nos proporciona la fuerza necesaria para alargarnos e incluso fragmentar el granito, tal es nuestro poder inmaterial

En una noche de insomnio creí entrever en un sueño la silueta de un ángel señalando la entrada de la casa forestal de Las

Campanillas, -cerca del pantano del Vaho de las Cabras- donde tantas veces habíamos jugado. También vislumbré en ese sueño un cervatillo que nos miraba sorprendido, entonces éramos tan solo niños que, al crecer, nos convertimos en árboles y antes en aviadores para descender desde lo alto hasta la madre tierra que nos acogió definitivamente para hacernos raíces.

Bibliografía

Javier García López / Juan Sáiz Garrido. *Memoria de La Garganta de El Espinar José Jordana* (1862). *Un documento para la Historia de la Ordenación de Montes de España, Diputación Provincial de Segovia:* 1997.

Stefano Mancuso. *El futuro es vegetal*: 2017.

Stefano Mancuso. *The Nation of Plants*: 2022.

Fotografías cedidas por Vicente Gil (Teófilo): 2021.

†

R. I. P.

Don Santiago M.ª de Yraola y Asín

Brigada piloto de complemento de Aviación.

MURIO EN ACTO DE SERVICIO EN ALCORISA (TERUEL)

a los veintitrés años de edad.

el día 7 de enero de 1958

Sus padres, D. Jesús María de Yroala y Palomeque y doña Vicenta Asín Vidaurreta; hermanos, don Jesús María, D. Ignacio, D. Javier, doña María de los Angeles y doña María Cristina; hermanos políticos, doña María Isabel López, don Fernando Alvarez Casas y D. José Ramón Messía; tíos, primos y demás familia

RUEGAN una oración por su alma.

(3)

Ciudadanos, el Partido de los árboles

'Todo ocurre como si el cuerpo comunicase a los excrementos el pecado original con el que está marcado: hay malicia en el producto de las defecaciones humanas que, al igual que el alma, aún separados del cuerpo conservan su marca. El Diablo sigue penetrando con su presencia la mierda, que, si no obtiene, volverá contra el hombre su poder enriquecedor para quemar sus tierras y alimentar la serpiente maléfica allá donde llegue, en espera de encarnarse en el mismísimo Diablo. Pero si se deja decantar el desperdicio, si, mejor aún, se le purifica con el agua, su influencia maligna se volatizará en provecho de su poder fecundante para la tierra. No es la mierda como tal la que se considera perniciosa sino la mierda en tanto que, al ser defecada, queda corporificada y no libera, todavía, su espíritu. Espíritu fecundante, cuerpo sutil, principio de vida, cuerpo volátil que se presta a la trasmutación'

Dominique Laporte. *Historia de la Mierda*, 1988:41.

'Las distintas clases de flatulencias son; brutal, disminuida, almibarada, albardada, musical y tímida.

Llamo *flatulencia brutal* al pedo que se parece a un escopetazo, pues penetra la puerta de su habitación con tal violencia, que jurarías que arrancan sus junturas o que se rasgan a la vez doce metros de tela. Este no deja indicio alguno en el lugar por donde pasa, y se le podría comparar a la trompeta de un órgano. La flatulencia *disminuida* tiene las mismas propiedades que el anterior, salvo que, siendo mucha menor su armonía, se asemeja más a un clarín, Doy el nombre de *flatulencia almibarada* a la que, con su voz plañidera, parece no tener bastante fuerza para salir de su reducto, y la comparo a una flauta. Llamo *albardada* a la flatulencia que, queriendo salir brutalmente de su tenebroso encierro, se destroza la cabeza contra las puertas, atrae súbitamente hacia sí una razonable cantidad de mierda licuada, cuya materia, como si por artificio se viera empujada para derramarse en pastosos churretes en; camisas, calzoncillos, enaguas, calzas, ligas y hasta zapatos. La flatulencia *musical* es el pedo brutal pero dividido en varias partes iguales que se forman entreabriendo varias veces las nalgas como en los movimientos de inspiración y expiración; de manera que de un solo pedo bien acondicionado, es muy fácil hacer seis o siete. La flatulencia *tímida* es la que carece de fuerza; un sencillo soplo, un dulce hálito que alivia casi siempre a expensas del prójimo: también se le da el nombre de *traidor* porque sin ruido, da únicamente aviso de su presencia, insinuándose en las narices vecinas. Esta es la diversidad de flatulencias que salvaguardan nuestra salud y son panacea de gran parte de las dolencias que a la humanidad afligen.

Manuel Martí. 'Seis clases de pedos o seis razones para conservar la salud' en *Defensa del pedo*, 2008:47-49.

'Si de lo que se trata no es de asegurar la estabilidad política de una sociedad liberal con pluralismo razonable, sino de establecer un derecho de los pueblos que podrían aceptar sociedades no liberales (jerárquicas), con tal de que sean *bien ordenadas*: que sean pacíficas, que su sistema jurídico esté guiado por una concepción de la justicia basada en el bien común, de forma que imponga deberes y obligaciones morales a todos sus miembros, que respete derechos humanos básicos como; el derecho a la vida, a la libertad frente a la esclavitud o los trabajos forzados, a la propiedad y a una igualdad formal'

Alicia Cortina. *Ciudadanos del mundo. Hacia una teoría de la ciudadanía*, 1997:263.

¿Para quién trabaja en realidad un político liberal? ¿es elegido por los votantes o se debe a las consignas de un jefe de partido que le puso en listas ciegas? ¿tiene vocación de servir a los ciudadanos? ¿está vinculado el liberalismo con el progreso? ¿saben los liberales realmente cómo funciona el poder? En España existe, aunque moribundo, un partido liberal llamado: *Ciudadanos*, que en el último plebiscito popular sufrió un descalabro. Quizá sea una paradoja pero la España que salió del Franquismo vivió una revolución liberal; llegó el divorcio, el aborto, las reivindicaciones de las asociaciones de vecinos y sindicatos y el matrimonio entre homosexuales. El desafío al que se enfrenta este partido en el presente es su asociación con el neoliberalismo que no ha encontrado una respuesta a la desigualdad social confundiendo así a los ciudadanos. Los conservadores estiman que la revolución liberal ha ido demasiado lejos; los socialistas, que no combate la desigualdad, y los ecologistas, que no tiene respuestas a los desafíos del cambio climático. El liberalismo se relaciona con una historia de progreso que produce confusión. A principios de siglo parecía que el mundo iba a seguir la senda de la libertad y, sin embargo, las élites de países como Rusia o China, han usado el capitalismo de Estado en beneficio de gobiernos autoritarios que limitan las libertades y los derechos humanos. Además, las democracias liberales se han visto amenazadas por populismos nacidos de la; crisis financiera, las migraciones a Europa y la pandemia. Nadie desea emigrar a Rusia o China para vivir en un régimen autoritario, y los ciudadanos no entienden bien qué es una democracia liberal, y consideran, equivocadamente, que consiste en un gobierno de mayoría tras unas elecciones pero, en realidad, el objetivo principal consiste en restringir los excesos del poder para que los ciudadanos puedan ser libres; que existan tribunales y medios de comunicación independientes críticos de los gobiernos y las grandes empresas. En muchas ocasiones la política se convierte en un arte para convencer a que la gente vaya por derroteros convenientes para el político mismo y, raramente, aparecen estadistas que consiguen combinar ambos objetivos, el social con el personal.

Una mañana temprano de abril me presenté en el Ayuntamiento para realizar una propuesta insólita a los concejales de Ciudadanos: *reforestar el municipio*. Con cierta cautela y sorpresa escucharon el plan leyendo el informe técnico de unas veinte páginas que les ofrecí. A los pocos meses, la propuesta, realizada por un vecino corriente, se había plasmado ya en moción formal dirigida al Pleno de la Corporación Municipal. El concejal que la expuso, un letrado veterano, argumentaba que, desde la más remota antigüedad, la relación entre los seres humanos y la Naturaleza había sido de colaboración y armonía, de equilibrio entre el uso de los recursos, y su conservación. Sin embargo, durante los dos últimos siglos la humanidad había alterado de forma masiva los ecosistemas, entre otras formas, mediante la tala sin control de árboles.

El defensor municipal de la vasta familia de los árboles exponía con vehemencia la necesidad de contribuir al fomento de la riqueza medioambiental siendo, además, su deber como representante público buscar soluciones para reforestar el municipio de forma permanente. La Organización de las Naciones Unidas para la Alimentación y la Agricultura (FAO), en colaboración con la fundación *Arbor Day*, en su programa: *Ciudades arboladas del Mundo*, ofrecía recomendaciones para la ordenación sostenible de los bosques y espacios urbanos. La Alta Organización recomendaba; disponer de una sección en el Ayuntamiento dedicada exclusivamente a la gestión del arbolado; el recuento de un censo arbóreo, la clarificación de recursos financieros destinados a los árboles, así como la organización de actividades orientadas a concienciar sobre la importancia de los árboles para los seres humanos. Para mayor énfasis, la Ley 8/2005 de la Comunidad de Madrid de protección y fomento del arbolado urbano, prevé que los órganos de gobierno de las entidades locales aprueben planes de conservación, revisables cada cinco años, así como la formulación de un inventario del arbolado, actualizable periódicamente. Aunque este plan había sido solicitado por ventanilla muchos funcionarios del Ayuntamiento se encontraban ausentes para tomar café o hacer sus necesidades: 'nuestro grupo municipal de *Ciudadanos, el Partido de los árboles*, -afirmaba el jurista- no tenía constancia de que existiera un plan de conservación alguno, y menos aún, inventario de árboles'. Sí existía, sin embargo, un listado pormenorizado de; perros y gatos, macetas de geranios, así como otro relación exhaustiva de los chatarreros y afiladores que tenían licencia en el municipio.

La premura de tiempo, una repentina angustia vegetal, debida quizás al nerviosismo al exponer un tema trascendental para la supervivencia de los vecinos, al concejal se le escapó una flatulencia almibarada que, afortunadamente, no llegó hasta el micrófono, aunque sí hasta hasta el olfato de algunos de los presentes. El letrado prosiguió impertérrito su defensa de los árboles como si se tratara ya de una causa penal.

El municipio disponía de una gran masa arbórea, que según la mencionada ley, los concejales debían proteger. Así, por ejemplo, estaban prohibidas las talas, autorizándose sólo cuando se compensaran con la plantación de un ejemplar de la misma especie. Era frecuente sin embargo que el Ayuntamiento no exigiera tal reposición de árboles talados porque los constructores de viviendas tenían la mala costumbre de hacer *regalos en especie* o entregar a los concejales de urbanismo sobres abultados (y entonces fue cuando se extendió por el salón de actos un fuerte tufo desde las gradas de los funcionarios presentes),

'Nuestro partido, -afirmaba con determinación- urge a los miembros del Pleno a que tomen conciencia de la necesidad de repoblar jardines y masas forestales para crear así una cobertura vegetal adecuada, que cuente además con el asesoramiento de expertos independientes, -como el Colegio de Ingenieros de Montes- que se ha ofrecido a colaborar con alternativas realistas para nuestro municipio. En cuanto a los recursos financieros que se necesitarían para acometer la repoblación éstos serían relativamente escasos e inferiores a las comisiones que perciben algunos concejales. Cruz Roja Española, en su informe sobre neutralidad climática (2019), ha estimado que el coste medio de reforestación de una hectárea de pino carrasco sería de unos cinco mil euros, cantidad a la que habría que añadir una comisión del 2% para el concejal responsable de la autorización. Además, había que considerar otras fuentes de financiación como; el *Green City Accord*, una iniciativa de la UE que reúne a los alcaldes de gobiernos locales de toda Europa en la visión futurista de llegar a unas ciudades en el 2030 urbanizadas con espacios limpios, saludables y no como las existentes junglas de asfalto, ruidosas y repugnantes, plagadas de excrementos y orines de perro como en la actualidad. Hay que abogar, -insistía- para restaurar los ecosistemas ancestrales de huertos urbanos y gentes felices. Una vez integrados en este acuerdo, los equipos de gobierno municipales (de todos los idearios políticos, desde los más rancios y carpetovetónicos a los más liberales) podrían tener acceso a oportunidades de financiación comunitarias y naturalmente a comisiones opacas a título personal.

Una última recomendación de la FAO, -señalaba el concejal elevando el dedo índice de la mano derecha- para concienciar a los vecinos del municipio a que sus perros no; ladraran, orinaran y defecaran por todas las esquinas de las viviendas del municipio organizando de *sesiones formativas* que enseñen a los ciudadanos a; poner bozales, usar botellitas de lejía, recoger los excrementos en bolsitas recicladas y dar prioridad a unos árboles indefensos que no existen solo como *adorno vegetal* donde los perros suelen hacer sus necesidades biológicas, sino que existen para el bien de la humanidad. Los árboles son seres vivos que respiran afirmó con vehemencia. Podría celebrarse también un Día mundial del árbol o del bosque. En la ciudad de Madrid concejales ecologistas irracionales han llegado a sugerir plantar un árbol por cada nacimiento colocando una placa en la acera con el nombre y la fecha del nacido, de forma similar a las que existen en las viviendas de las ciudades holandesas donde los judíos fueron masacrados por los nazis.

A todo lo expuesto hay que añadir, -prosiguió el discurso con voz ya algo quebrada- el desastre que ha supuesto en el municipio el reciente paso de la tormenta de nieve Filomena que, además de haber causado daños irreparables en el arbolado, ha ocasionado retortijones morales al salir a la superficie una contratación fraudulenta y sobrevalorada de una empresa afín a un partido político que presentó facturas infladas de maquinaria en desguace. Estos artilugios prodigiosos realizaban turnos de veinticuatro horas en dos municipios simultáneamente. (Al escuchar esto varios funcionarios se levantaron precipitadamente de los asientos para acudir al aseo). A día de hoy se desconocen los trabajos que ha llevado a cabo esta empresa contratada a dedo para limpiar las zonas afectadas. Un contestador automático informa que se trata de una compañía familiar especializada en la importación de vinos franceses con sede en Murcia que, sin embargo, ofreció, según el alcalde, un pliego de condiciones inmejorable. Nadie sabe una palabra sobre esta contratación porque en el ayuntamiento se cierne un densa *omertà* que prohíbe a los funcionarios informar sobre las actividades delictivas consideradas asuntos que incumben solamente a las personas implicadas

Por último exhortamos a los miembros de la Corporación a que, en lugar de adoptar mascotas, que ensucian miserablemente las farolas y esquinas del municipio, apadrinen en su lugar árboles desvalidos y les bauticen como ha hecho, tan magistralmente Yoko Ono.

Una cerrada ovación por parte de todos los presentes al pleno fue el preámbulo visible para que tan emotiva propuesta se guardara después en un cajón bajo llave, ya que en tales actos formales no eran vinculantes.

Las raíces del colapso del Partido de los árboles

Las oleadas de críticas al partido arreciaron durante y después de las elecciones. Un mal olor de dudosa procedencia se había extendido entre los fieles votantes porque cundía el desánimo. Después de la IV Asamblea General de Ciudadanos en 2017 hizo aparición un *césar magno*. El Partido de los árboles no había entrado en ningún gobierno de la nación pero sin embargo, conseguía; transparencia, limpieza, eliminación de chiringuitos financieros, despolitización de organismos y televisiones públicas, incluso había conseguido llevar a los tribunales a varios capitostes corruptos de otros partidos. Las dos agencias de colocación nacionales: PP y PSOE, se percataron de que el reparto del pastel estaba en juego porque, en un bosque, había surgido un adversario que desafiaba peligrosamente sus empresas, y así comenzaron a corromper al núcleo dirigente del Partido arbóreo emergente. Las tramas oscuras consiguieron cambiar los; estatutos, -como hacer obligatorias las flatulencias o que en las asambleas de las agrupaciones, los afiliados no pudieran ya elegir a sus candidatos directamente, (a no ser que tuviesen más de 400 afiliados, algo impensable). De un día para otro los seguidores del Partido arbóreo se convirtieron en simples arbustos o floripondios que adornaban las reuniones mientras que, el *césar magno* y sus acólitos, pasaron a convertirse en el tronco del partido-árbol. Para optar a un cargo remunerado no bastaba llevar un clavel en la mano o usar un buen perfume sino que había de ser; guapo, sexualmente atractivo, tener al menos dos carreras universitarias y rendir pleitesía al *césar magno*. La antigüedad, la lealtad, una demostrada capacidad de trabajo por los afiliados pasó a un segundo término. De este modo tan sutil entraron las malas yerbas en el Partido de los árboles.

Hubo alguna clase de maquinación entre los líderes de ambas agencias de colocación y los *illuminati reptiliani* intervinieron para acordar, en alguna oscura oficina, que el Partido de los árboles jamás debería gobernar en España porque, si así ocurriera, acabaría con los malos olores y las flatulencias en los organismos públicos. El Partido arborícola había llevado bien altas, en sus ramas; la independencia del poder judicial, la Ley de protección de denunciantes de corrupción así como la responsabilidad patrimonial de los partidos hacia sus afiliados corruptos. El Partido defendía una España; limpia, fructífera, que diera lustre y fuera solvente mientras que, por el contrario, los líderes de las agencias de colocación se decantaban por un país; maloliente, casposo y carpetovetónico.

Los cimientos de las agencias de colocación, hundidas en cloacas nauseabundas, comenzaban a resquebrajarse, y ocurrió entonces que se inició una campaña orquestada en la prensa para desacreditar al Partido de los árboles tachándalo de *lacayo de la derecha.* Los afiliados, -que eran liberales o centristas de corazón- empezaron a sentir en las entrañas indisposición intestinal o estreñimiento, y así fue como se propagó con rapidez una epidemia de diarrea y flatulencias entre los concejales y diputados de las principales capitales con representación arbórea.

La lucha por la alcaldía

Antes de las elecciones municipales se había puesto en marcha la maquinaria de propaganda que, con mayor o peor fortuna, exhibían todos los partidos políticos. Ciudadanos también se cobijaba bajo la sombra de un árbol. Unos meses después, convocadas ya las elecciones, concurrieron candidatos para gobernar el Ayuntamiento (como María Cristina, que también quería gobernar). Además de las dos agencias de colocación mayoritarias (PP y PSOE) se presentaban a ocupar la silla del poder; un Frente Obrero, el Partido Comunista de los Trabajadores de España (PCTE), el Partido Humanista, el Animalista con el Medio Ambiente (PACMA), Por un Mundo Más Justo (PUMJ), Falange Española de las JONS, SUMAR y Recortes Cero. Detrás de estas sopas de letras se tentaba al votante iluso con unas listas de nombres desconocidos que cada comisario político había confeccionado a puerta cerrada. Sin embargo, fueron los únicos que sí publicaron foto y profesión de los postulantes a cargos públicos. Y entonces fue cuando se se hizo público el anuncio en el diario local del municipio:

Buscamos alcalde. Ofrecemos cuatro años de contrato. Jornada completa. Buena remuneración. Se valorará experiencia. Imprescindible tramitar chanchullos. Razón: Ayuntamiento de Majadahonda.

Se presentaron seis candidatos al puesto; dos mujeres, una pareja de hecho y cuatro hombres con idearios y programas electorales bien distintos. L.M. era inspectora de la Policía nacional, jefa de una unidad de coordinación, viceconsejera, directora general de la mujer, gerente para la reinserción del menor infractor y amiga personal de la delegada del gobierno de la ciudad de Madrid. Esta señora no vivía en el municipio así que aparecía en el escenario como una hoja en blanco. En la entrevista personal que se celebró ante los medios locales, la candidata afirmó:

> '...estar dispuesta a aceptar el reto más bonito de mi carrera política, en el que voy a poner toda la carne en el

asador para conducir a un estupendo municipio como es Majadahonda al nivel de excelencia en calidad de vida'.

Loli para los amigos, idealizaba, había sido promocionada por el sector conservador del municipio involucrado en causas judiciales, pretendía conducirlo a un nivel de excelencia y desbrozar, con un equipo de jardineros, las malas yerbas que habían crecido en el municipio durante treinta años. Y además, prometía organizar también batidas sistemáticas para encarcelar a potenciales delincuentes de guante blanco. Las flatulencias seguían estando presentes en el ambiente. La inspectora iba a rodearse de un equipo con una valía profesional impresionante y dedicarse, en cuerpo y alma, a escuchar las quejas de los vecinos del centro del municipio donde; los coches aparcaban en zonas prohibidas, había aceras sucias, no existían calles peatonales ni pasos de peatones bien señalizados. Había fachadas de casas con ventanas tapiadas en ruinas. Loli deseaba también poner en marcha un plan de movilidad para que nadie renunciara a moverse como más deseara (incluso en sillas de ruedas por las calzadas), y situarse así en una vanguardia europea imaginaria. Iba también a colocar cámaras camufladas en los árboles e iniciar un plan contra la lacra de la soledad. 'Estar solo es un anacronismo en nuestros días', –afirmaba en una entrevista- y a los ancianos del municipio que viven en inmuebles sin ascensor no les estará permitido quedarse solos para meditar. La meditación es una peste concluía su perorata.

El siguiente candidato propuesto por el PSOE, D.C., había sido militante de infantería desde hacía más de veinte años y en consecuencia era considerado un *genio del municipio*. Había sido secretario, y director de comunicación en el partido aspirando ahora al empleo bien remunerado de alcalde por 'compromiso y responsabilidad con los vecinos' pero sin haber estudiado más que el bachillerato elemental. En su emotiva presentación ante el comité de selección, afirmaba que se tiraba el dinero por la ventana, no se construía vivienda pública que ofrecer a macarras y vagos, y el casco histórico estaba tan degradado que muchos comerciantes lo llamaban ya la *Pequeña Guatemala*. Con lágrimas en los ojos David se dirigía a los miembros del comité, implorando que se modernizara el municipio con fondos europeos. Y es entonces cuando se le escapó una flatulencia albardada teniendo que abandonar con urgencia la sala muerto de vergüenza.

El siguiente postulante era C.B. de Vecinos por Majadahonda (VpMJ). El fundador del partido había sido elegido por vecinos y simpatizantes para ocupar un bien dotado cargo público. El postulante era fan del equipo de fútbol local, trabajado en empresas de distribución de componentes electrónicos y exportado tecnología revolucionaria al Silicon Valley de California. Era *un genio de los cortocircuitos*. Este empresario hecho a sí mismo quería; acabar con los ruidos, prohibir que los clientes de las terrazas dejaran de hablar a voz en grito, obligar a los dueños de mascotas a ponerles bozales. También pretendía ofrecer premios literarios a vecinos insignes.

La pareja de hecho: D.P. y L.S., militantes de Más Madrid e Izquierda Unida, defendía la promoción de la hostelería que consideraban el *alma del municipio*. Según estos solicitantes había que ofrecer a los bares y restaurantes exenciones fiscales por haber mejorado la salud mental de los vecinos. Proponían menos psiquiatras y más bares terapéuticos, además no bastaba contratar en el Ayuntamiento a seiscientos funcionarios, había que dotarlos además con una formación permanente debido a que ejercían un trabajo de riesgo, y ubicarles en despachos individuales como en Noruega

J.R., de ascendencia austríaca, fue seleccionado como candidato por la formación ultranacionalista de Vox por ser *padre de cinco hijos*. Este candidato había trabajado en cargos de gran responsabilidad en el ámbito financiero y fundado una empresa dedicada a los juegos de mesa. Con este bagaje intelectual y técnico se ofrecía para posicionar a las familias en el centro de las políticas del Ayuntamiento, siguiendo así el modelo social que implantó Francisco Franco en un turbio pasado cuando concedía a las familias numerosas españolas premios y descuentos.

Finalmente, el Partido de los árboles había seleccionado a E.S. como su candidata a la alcaldía. Nacida en Madrid, con cincuenta años bien cumplidos, licenciada en Derecho por la UCM, había sido portavoz del Partido durante los últimos años. E.S. expuso ante el comité que el municipio estaba atrasado en todo; instalaciones, servicios y atención a los ciudadanos. 'Existe, -afirmaba emocionada- una dejadez absoluta y las flatulencias siguen incontroladas. Hay que soñar con mejorarlo todo; modernizar los centros educativos, deportivos, construir termas a imitación de la Roma Imperial y acabar con los olores pestilentes que salen del equipo de gobierno. Y hay que construir viviendas asequibles para que nuestros hijos no tengan que irse a vivir a Suecia donde casi todo es gratis pero hace mucho frío. Es sensato invertir en floreros enormes que alegran la vista en la avenida principal, y cultivar flores, pero la estación de tren, -un servicio básico para los ciudadanos- está oxidada y al anochecer, por los raíles, pululan ratas que salen de cloacas inmundas. Nuestro Partido de los árboles naturalmente que quiere plantar más árboles pero no vamos a pactar con el demonio para conseguirlo. Queremos acabar con los atascos e implantar semáforos inteligentes y enterrar la lacra social de la falta de civismo, sobre todo en la *Pequeña Guatemala,* donde las detenciones, reyertas, ocupación de viviendas de lujo, juergas nocturnas y vandalismo nocturno son tan frecuentes. Llegado a este punto, E.S. hizo un esfuerzo para contener las lágrimas. Se levantó despacio de la silla para despedirse de los miembros del comité de selección y salió a la calle para respirar y calmar los nervios.

Noticias en la radio

El Partido de los árboles se había descalabrado en las elecciones. Habían empuñado, como bravos legionarios, la espada de la libertad, la bandera reformista, pero habían sido frenados en seco por las multinacionales de las agencias de colocación con; ingeniería social y manipulación de los medios comprados que habían conseguido convencer a los votantes de que mierdas y flatulencias no eran la mejor opción de gobierno. El centro suponía el vacío, la Nada. Faltos de raíces históricas, políticas o sentimentales los líderes del Partido de los árboles se habían hundido en la mierda. Una masa pastosa y maloliente se desprendía de las calles y los telediarios. El espacio liberal no había sido lo suficientemente convincente para los electores y en la sede del partido se preparaba su funeral con plañideras marroquíes. Muchos concejales lloraban desconsoladamente, unos por tristeza, otros porque se quedaban sin un plato de lentejas y tenían que apuntarse al paro. La vida no era siempre para ellos de color de rosa.

Querido afiliado, querida afiliada:

Como sabes bien, nuestro proyecto pasa por un momento enormemente difícil. Las elecciones autonómicas y municipales del pasado 28 de mayo tuvieron un resultado muy claro y reflejaron, además del nivel de fuerza concreta que tenemos cada partido político ahora mismo, una realidad incuestionable: los españoles están votando en clave binaria (para echar a Sánchez o para mantenerlo) y ese escenario pone todavía más complicado -por no decir imposible- que el espacio liberal, y concretamente nuestro partido, pueda superar en el plazo inmediato las vicisitudes que arrastramos desde hace años y reabrir el hueco social y electoral que nuestro proyecto y todos vosotros os merecéis.

Ese análisis, unido a la coyuntura del adelanto electoral de las generales, nos llevó la semana pasada a tomar una decisión dolorosa pero imprescindible: no concurrir a los comicios del 23 de julio. El paso de los días y el transcurso de los acontecimientos de la política nacional nos reafirma en que es la decisión más adecuada, responsable e inteligente que podíamos tomar. El único camino posible para que nuestro proyecto de reformas y libertad pueda tener otra oportunidad en el medio plazo. Estamos convencidos de ello por dos motivos fundamentales:

En primer lugar, consideramos que embarcarnos ahora en una campaña de generales marcada por el contexto más endiablado posible para nosotros sería la mejor forma de dilapidar esfuerzos y algo más importante: las posibilidades de pervivencia para el futuro. Ni el partido que tanto queremos, ni ninguna de las personas que pudiera integrar esas listas a las generales merece otro resultado malo sin paliativos, que además condenaría cualquier intento de reflotar el proyecto en adelante. Si hay algo que nos ha identificado siempre como partido es la honestidad, la responsabilidad y el tratar a los ciudadanos como adultos, y creemos que debemos hacerlo también en esta ocasión, tratando a los electores con el debido respeto y la responsabilidad que nos caracterizan.

En segundo lugar, creemos que la prioridad en estos momentos no puede ser otra que volcarse con los concejales que el 28 de mayo sacaron acta concurriendo bajo nuestras siglas. Alrededor de 600 héroes que en las circunstancias más difíciles imaginables han logrado la confianza de sus vecinos. Queremos acompañarlos, darles todo el apoyo orgánico y ponernos a su servicio para que puedan desarrollar esa labor institucional para la que han sido elegidos y ser la base sobre la que reconstruyamos el espacio liberal en España. Y al mismo tiempo, trabajaremos durante los próximos meses para reforzar la relación con nuestra afiliación y simpatizantes, que son el pilar de este partido, en repensar, reconstruir y trabajar de la mano en el futuro del espacio liberal, que será más necesario que nunca en el panorama político que quede tras las elecciones del 23 de julio.

Estamos seguros de que juntos podremos construir la mejor herramienta para vehicular los principios, ideas y propuestas liberales en las que creemos y que son el alma de nuestro partido. Pero estamos igual de seguros de que para lograrlo hay que empezar a trabajar desde la base y sin tiempo ni esfuerzos que perder.

Somos conscientes de que para los que dedicamos nuestro tiempo y sacrificio personal a este proyecto, también en los momentos más duros, no concurrir a unas elecciones es una decisión difícil. Pero precisamente para que todo ese compromiso, que necesitamos más que nunca, no sea en balde debemos actuar pensando en lo mejor a medio plazo: estamos convencidos de que, con todas las dificultades, es mucho mejor para los españoles que tengan que prescindir una sola vez de la papeleta liberal y reformista, que tengan que hacerlo toda la vida. Por nosotros no quedará: nuestro compromiso es que, tú antes que nadie, puedas volver a tener en las urnas una alternativa ilusionante, reformista y liberal.

Muchas gracias por tu compromiso, tu confianza y tu entrega al servicio de la mejor causa posible: la de la libertad.

Delfín Colomé, un músico y diplomático irónico

'En la Diplomacia se tienen que mantener las formas, pero la música me permite ser irónico'.

El compositor y embajador Delfín Colomé ha sido homenajeado en el II Festival de Música de Puigpunyent (18.8.2007). Este año, el II Festival de Música de Puigpunyet lo dedica a Delfín Colomé Pujol, compositor y director, además de embajador de España en Corea. Aunque nació en Barcelona, desde el inicio de su carrera diplomática en 1976, ha residido largas temporadas en Asia del Este. Además, desde 1980, ha compuesto con cierta regularidad más de setenta obras musicales.

P.: ¿Cómo se siente uno cuando se le dedica un festival que en la edición del año pasado, estuvo dedicado a Mozart?

R.: Me da un poco de vergüenza, tengo amistad con David Gómez, director artístico del festival, desde hace años y. como compositor, me alaga ver que un pianista joven de renombre consiga que otros jóvenes interpreten mi música. Ver que la música que hago no pasa con el tiempo es una especia de regeneración.

P.: ¿Pero muchas veces se ha criticado la música contemporánea por ser poco comunicativa, es así?

R.: Entre los años sesenta y setenta, partíamos de dodecafonismo y hacíamos una música difícil. Parecía importante hacer avanzar éticamente la música y esperar a que el músico se reenganchara a ella. Pero, a partir de los ochenta, el compositor dejó de tener la obligación de ser contemporáneo, en el sentido de que no se permitió hacer una música que llegase a la gente.

P.: ¿Usted es un compositor que, profesionalmente, se dedica a la Diplomacia?

R.: Sí, y la Diplomacia me ha dado, básicamente, dos cosas. Primero, la capacidad de administrar el tiempo, porque tener el jefe a miles de kilómetros te libera bastante. Y, luego, me ha permitido conocer culturas y civilizaciones extranjeras y esto, para un creador, es una ventaja. He recibido muchas influencias, que a veces se reflejan en mi música. Sobre todo, me ha dado otra visión de la calidad del sonido, de la instrumentalización, de las texturas, de las sonoridades, de los volúmenes. Concibo la música muy arquitectónicamente.

P.: Más allá de la composición, ¿también ha dirigido mucho?

R.: Y sigo dirigiendo a veces porque me gusta. Pero la dirección de orquesta requiere tiempo, estabilidad y contactos profesionales, y yo, profesionalmente, no me dedico a ello. Soy un marginal de la dirección. Así, como casi todos los compositores, nos dedicamos a otras cosas, los directores se dedican a la dirección. Igualmente me gusta mucho y cuando puedo, con cualquier excusa, cojo una batuta.

P.: Y de su parte de pianista, ¿qué guarda hoy en día?

R.: Poco, pero ahora con el piano tengo una intimidad cada vez mayor. Puede ser que cada día toque peor, pero a la vez siento mejor tocando. Tengo cinco pianos repartidos por el mundo y toco cuando tengo ganas.

P.: Usted como compositor, ¿escribe pensando en el oyente?

R.: No puedo pensar en un oyente concreto porque mi música se oye en todo el mundo. Pero lo que sí procuro es que sea una música que tenga mensaje, una idea, porque así siempre hay alguien que la pueda asimilar.

P.: ¿Con qué quiere decir que hace una música que pueda entender todo el mundo?

R.: No me lo he planteado nunca como una cosa de entendimiento, eso puede interesar desde un punto de vista académico, pero no artístico. Tiene que generar una emoción y, en eso, interviene el sentimiento del compositor, que, contrario a lo que se tiende a pensar, no tiene por qué ser romántico. De hecho, *los críticos dicen que hay mucha ironía en mi música* y yo siempre digo que como soy diplomático y tengo que mantener las formas, la música es como un escape que me permite ser un poco irónico y decir lo que verdaderamente siento.

P.: Ayer noche David Gómez interpretó su obra: *Three Trees*, ¿de dónde surgió la pieza?

R.: *Three Trees* es la sensación de que un día que paseaba por un jardín japonés lleno de árboles con formas. De repente esos volúmenes me surgieron volúmenes musicales, de ahí nació la pieza. Uno de ellos lo sentí en quel instante, supongo que debió ser lo que llaman *inspiración.*

P.: ¿Con todo le queda tiempo para escribir en la prensa?

R.: Me gusta explicar cuestiones de música, del hecho de que sea un arte social cotidiano, no extraordinario. *Hoy en día estamos rodeados continuamente de música.*

Correo de Delfín Colomé a Aitor Yraola

'Querido Aitor,

Manila, 25/3/2000

He estado fuera de Manila desde el 16 de febrero. Fui a España a presenciar el descalabro de la izquierda. –aunque nunca imaginé que fuera tal y tan grande. A mi vuelta me encuentro con tu correspondencia.

Yo que tú, pleitearía en Estrasburgo. Coincido con Álvaro, la doble nacionalidad no impide ni empequeñece la barbarie que se ha consumado.

Me duele la tontería de mi anterior Director General, con un Director permanentemente esfumado y un funcionario que no dice más que tonterías. En cambio, me consta que Miguel Ángel Vecino (que me persigue: ¡como yo empezó en Bulgaria y ahora está en Noruega!) es un buen tipo, animoso y batallador.

El Ministerio tendría que recurrir con más fuerza. ¿No habría manera de presentar alguna solicitud oficial de protección diplomática?. En ventanilla, sellada, con plazos y respuestas. ¡que obligue a esa pandilla a ponerse las pilas!..a no ser que lo hayas intentado. Vamos a ver quién será el nuevo titular de Culturales, si es amigo, l e daré recado. ¡Ánimo!. Abrazos, Delfín'.

Delfín Colomé (1946-2019) Licenciado en Derecho por la Universidad de Barcelona , ejerció la abogacía hasta que en 1973 ganó las oposiciones al Cuerpo Diplomático. Ha ocupado cargos como consejero en la Unesco, miembro del equipo del ministro Pedro Solbes en el Parlamento Europeo, director del Instituto de Cooperación Iberoamericana, y director general de Relaciones

Culturales y Científicas del Ministerio de Asuntos Exteriores entre 1991 y 1996.

En lo que respecta a la representación de España en el extranjero, ha sido; embajador en Filipinas y Micronesia (1996-2000), director ejecutivo de la Fundación Asia-Europa con sede en Singapur (2000-2004), y embajador de España en Corea del Sur desde 2004, cargo que ostentó hasta su fallecimiento. A lo largo de su vida compaginó la diplomacia con la composición musical. Durante su estancia en Manila ejerció como director invitado de la Orquesta Sinfónica Juvenil de Cebú, y buena parte de su obra ha estado influida por sus experiencias en Asia. Falleció en Seúl a los 61 años, víctima de un cáncer.

Carrera musical

Delfín Colomé cuenta con más de 70 obras musicales estrenadas en el circuito comercial. Formado en el Conservatorio Municipal de Música de Barcelona, estudió piano con Maria Teresa Balcells y Dirección de orquesta con Lluís Moreno i Pallí. De joven mantuvo un papel activo en el movimiento de la *Nova Cançó* catalana y fue director de grupos en la Obra del Ballet Popular, que en aquella época agrupaba formaciones sardanistas y de danza tradicional. En 1980 el pianista Carles Santos Ventura estrenó su primera obra, *La vache qui mi*, y desde entonces se especializó en piezas de coros, orquestas y danza tradicional. La mayoría de sus obras están compuestas para piano. Su carrera musical le llevó a impartir conferencias sobre música contemporánea española, escribir artículos sobre música en revistas, y realizar cursos tanto para la universidad pública, -como profesor de Estética de Danza en la Universidad Autónoma de Madrid- así como para instituciones privadas, entre ellas la Obra Social La Caixa y la Fundación Juan March. Durante los Juegos Olímpicos de Barcelona en 1992 diseñó el guion de la llegada de la antorcha olímpica en la playa de Ampurias en el que se estrenaron piezas compuestas por él mismo. En el 2003 obtuvo el doctorado por la Universidad Autónoma de Madrid con una tesis sobre danza contemporánea.

Álfrún Gunnlaugsdóttir ya no está con nosotros

'Minnist þess dottandi sálin,
lífgaður heilinn og vakinn
við hugleiðsluna
hvernig lífið líður,
hvernig dauðinn kemur
svo hljóðlega,
hvað ánægjan er auðvelt horfin
en hennar síðan minnst
vekur hún sársauka,
hvernig okkur finnst
að hver liðin tíð
hafi verið betri'.

(Trad. del español por Guðbergur Bergsson)

'Recuerde el alma dormida,
avive el seso y despierte
contemplando
cómo se pasa la vida,
cómo se viene la muerte
tan callando;
cuán presto se va el placer
cómo después de acordado
da dolor,
cómo a nuestro parece
cualquier tiempo pasado
fue mejor'

Mi querida amiga Alfrún ya no está con nosotros. El poeta español Jorge Manrique (1440-1479) expresa en su poema el sentimiento de pérdida de un ser querido. Álfrún conocía bien sus poesías, y las enseñaba junto con muchas otras obras literarias españolas y francesas. Y antes de enseñar en la Universidad de Islandia Álfrún vivió en Barcelona donde se enamoró de la cultura española, y conoció, como Guðbergur, a muchos escritores y poetas españoles. Y allí eligió la Literatura Medieval como tema de estudio predilecto de la mano del conocido medievalista Martín de Riquer. Y de regreso a Islandia, tuvo que aprender islandés de nuevo traduciendo una obra de Ramón J. Sender (*Requiem por un campesino español*) porque al principio escribía las notas de clase en español pero las dictaba en islandés. Álfrún inspiró a muchos estudiantes universitarios y les estimuló a interesarse por las Humanidades en el sentido renacentista, ya que todo lo humano le interesaba. Fumaba demasiado, algo que siempre le critiqué, bebíamos también copas de jerez en mi despacho, y durante décadas eternas hemos sido íntimos amigos y compartido penas y glorias. Y en su setenta cumpleaños nos invitó a una cena familiar en el Hotel Holt. Y su piso de Seltjarnarnes se ha quedado ya vacío, sin ella, tal vez conserve las botellas de cerveza españolas que le llevé en mi última visita a su casa. Y Bjarki se ha quedado muy solo porque vive en Helsinki, y ha perdido a una madre magnífica que siempre le ha querido. Y se haría muy largo mencionar todas las cualidades de Álfrún como persona, profesora o escritora así que hasta que no llegue el olvido que seremos, es mi deseo que todos aquellos que la hemos conocido y querido, conservemos viva su memoria.

†

Ástkær móðir mín, systir okkar og mágkona,

ÁLFRÚN GUNNLAUGSDÓTTIR,
prófessor og rithöfundur,

lést miðvikudaginn 15. september á líknardeild Landspítalans.

Bjarki Kaikumo
Gylfi Gunnlaugsson Ragnhildur Hannesdóttir
Ólafur Gunnlaugsson Margrét Ingimarsdóttir

Guðbergur Bergsson nos deja tristemente solos

Hace algo más de un año Guðbergur tradujo la siguiente poesía del poeta castellano Jorge Manrique (1440-1479: *Coplas a la muerte de su padre*), dedicada a la memoria de nuestra común amiga Álfrúnn Gunnlaugsdóttir recientemente fallecida, quien, además de haber sido profesora de literatura, hispanista y escritora, estudió también, -como Guðbergur- en su Barcelona del alma:

'Minnist þess dottandi sálin,
lífgaður heilinn og vakinn
við hugleiðsluna
hvernig lífið líður,
hvernig dauðinn kemur
svo hljóðlega,
hvað ánægjan er auðvelt horfin
en hennar síðan minnst
vekur hún sársauka,
hvernig okkur finnst
að hver liðin tíð
hafi verið betri'.

¿Qué decir cuando nos deja para siempre un buen amigo? Gudbergur me dijo en una ocasión, bastante serio, que *siempre había querido ser español*. Pudiera haber sido una de sus muchas ironías, pero lo cierto es que su amor por España y América Latina le llevó primero hasta Barcelona, donde conoció a la flor y nata de la intelectualidad española, y a conocer también a Jaime Salinas (el hijo del gran poeta Pedro

Salinas) su pareja que yace enterrado en el cementerio de Gríndavík.

Para suerte de los islandeses interesados en la Literatura, no ha existido en toda Europa un escritor comparable a Guðbergur quien, además de innovar la narrativa islandesa con su amplia obra literaria haya traducido al islandés lo más selecto de la Literatura española incluyendo el monumental: *El Quijote* y Poesía del Siglo de Oro, además de muchas obras de autores latinoamericanos (portugueses y catalanes), algunos de ellos conocidos por él y por Jaime Salinas.

Hace unos años tuve el privilegio de publicar un libro de viajes con Guðbergur en el que explicaba a los españoles, en un ejercicio de *Literatura de Viajes Comparada*: Islandia para un lector español. Otra de sus grandes obras maestras poco conocidas por haber sido publicada solamente en español. Ha sido un honor inmenso y un gran privilegio haber disfrutado de la profunda amistad que me ha unido siempre con Guðbergur (y con su pareja Jaime Salinas) hasta hace tan solo unos días porque no hemos dejado de escribirnos durante las últimas décadas a pesar del tiempo y la distancia.

En el otoño del 2012 fui a visitarle a su piso de Reikiavik donde me invitó a comer en la cocina un bacalao untado con mantequilla y patatas que había traído desde su pueblo para hacerme los honores. Este bacalao se ha convertido ya en inmortal porque ese encuentro último pervivirá siempre en mi memoria. Su talante amable; una bondad espontánea, su curiosidad sin límites, el culto que profesaba a la Belleza en todas sus formas, el amor que sentía por España, el haber sido una voz crítica discordante para despertar conciencias adormecidas, y un sentido de la ironía que muy probablemente aprendió en España, su segunda patria, son una pobre selección de sus muchas cualidades como persona y como escritor.

Creo que Guðbergur Bergsson no solamente se merece un museo en su pueblo natal sino también una estatua en una plaza de Reikiavik, tal vez, ¿sustituyendo a la del explorador de América Leif Eriksson?. Desde esta remota provincia de la Tarraconensis te deseo Guðbergur que *la tierra te sea leve.*

La fe de vida o la muerte burocrática. Un islandés en apuros.

Islandia es un país pequeño y los islandeses somos como una gran familia, todos nos conocemos y cuando pasamos temporadas en el extranjero creemos que todo es igual de familiar y cercano como en nuestra isla. En algunos países nos miran con un poco de condescendencia, mezclada con admiración por vivir rodeados de volcanes amenazantes. Somos muy inocentes. El otro día, en la línea tres del metro me robaron el pasaporte, grave contrariedad porque Islandia no tiene embajada en España y las más cercanas se encuentran en; París, Londres u Oslo.

Como cada invierno he de enviar a mi país la fe de vida para seguir cobrando la pensión de jubilación (en Islandia nos jubilamos bien jóvenes y nos encanta disfrutar de la vida en países donde hace buen tiempo y la gente es amable, excepto claro en algunos ayuntamientos como en el de Majadahonda). Al ir a solicitar en la planta baja la fe de vida, la funcionaria me dijo consternada que: 'no podía firmarlo ni sellarlo' al no poder mostrar un pasaporte válido. Le respondí que no venía de Tumbuctú, ni llegado a la costa española en patera. Le mostré el último pasaporte caducado, la tarjeta de El Corte Inglés, el carné de Amigos de los Paradores y el documento de la Sanidad islandesa, documentos todos que probaban, sin asomo de dudas, mi identidad, es decir que, *yo existía.* Ante mi insistencia, la funcionaria se vio obligada, a elevar consultas a una Alta Secretaria Jurista en la primera planta quien había sugerido que fuera al Consulado honorario de Islandia para obtener un pasaporte válido. Con nuestra cabezonería islandesa que nos ha llevado tan lejos como a descubrir

Norteamérica, le respondí que un pasaporte eventual costaba dinero y es válido por un año solamente. Además *estaba claro que yo existía*, mi presencia y los documentos lo probaban. Con claros signos de nerviosismo la funcionaria dijo que *volviera otro día*. Ante el abismo al que me aproximaba, indocumentado en España y con el riesgo de perder la pensión, acudí a la Comandancia de la Guardia Civil, - un Cuerpo admirable- para solicitar consejo. Después de unos minutos, estaba claro para el cabo malagueño que un extranjero de la UE / EEE necesita mostrar en el Ayuntamiento de Majadahonda el pasaporte caducado (aunque válido para demostrar su identidad) junto con el empadronamiento en el mismo municipio. Cargado de optimismo por el *yesterday* volví a citarme con la funcionaria quien confeso ser tan solo una delegada de la Alta Secretaria Jurista de la planta superior, e insistía con tozudez en que consiguiera un pasaporte válido así como la copia de la denuncia del hurto. La opinión de la Guardia Civil le parecía irrelevante, y como último recurso me sugirió (en una tercera visita) dirigirme al Registro Civil donde le habían dicho que allí *también me iban a pedir un pasaporte válido.* Abrumado por la proximidad del precipicio le dije que iba a presentar una queja por una negativa absurda. La funcionaria se encogió de hombros respondiendo que: *estaba en mi derecho* aunque evitó mirarme para comprobar que *yo, efectivamente, existía, ahí mismo, delante de ella.*

Salí del Ayuntamiento con la sensación de tristeza al comprobar que algunos funcionarios públicos consideran que los ciudadanos trabajamos para ellos, y no al revés, que cobran un salario para ayudarnos en nuestras adversidades administrativas.

Acudí al Registro Civil armado con más tarjetas y documentos que mostraban claramente *mi existencia* aunque ya había empezado a tener dudas sobre mí mismo. Después de un control rutinario en la entrada del edificio (donde no pidieron documentación alguna), y una corta espera de diez minutos en un pasillo, una funcionaria amable y comprensiva me llamó e hizo pasar a un despacho con varias mesas, me pidió disculpas por la espera e invitó a sentarme en una silla tras un escritorio lleno de documentos. Le dije que necesitaba una fe de vida. Me preguntó que si tenía que redactarla ella o ya la traía yo. Le tendí la solicitud rellenada en inglés, me miró diciendo con simpatía y sin pedirme explicaciones:

—*Compruebo que usted existe.*

Selló el formulario, lo firmó, y con una amplia sonrisa se quejó de que el café de máquina en la entrada del Registro era malísimo, y que el sistema informático le causaba problemas.

Me despedí de esa señora con una sonrisa comprobando que, después de todo, había esperanza en el *yesterday.*

Eythór Arnoldsson

La leyenda del Santo Grial

En Literatura, el Grial siempre ha sido la vasija legendaria del romance artúrico, pero si hoy en día se abre un periódico es muy probable que en el transcurso de una semana, uno dé con dos o tres referencias al Santo grial. Pero no se trata simplemente de uno legendario, sino del Grial de un determinado producto comercial o científico, o deporte de competición; en otras palabras, de algo completamente material. La idea del Grial como un objeto del deseo, de algo inalcanzable, se halla implícito en los romances medievales: Wolfram von Eschenbach lo llamaba: 'el deseo del mundo', y ya en el siglo XV, el poeta galés Dafydd ap Gwilym utilizaba la expresión en un contexto secular:

> 'He viajado tanto para encontrarte como si se hubiese tratado del Grial'.

Pero a partir del siglo XVI, una vez pasados de moda los romances del Grial, no resulta sorprendente que éste desaparezca del habla común, por lo que el comentario de Gwilym es una solitaria premonición sobre su futuro.

En el siglo XX, el Santo Grial ha venido a representar una especie de *perfección abstracta*, la idea de que en un lugar puede encontrarse alguna solución u objeto perfectos. Esta imagen del Grial depende de su imagen original en la Literatura, que lo considera como el objeto final de una prolongada búsqueda. El ejemplo quizá más antiguo está en ls novela: *Of Christ came to Chicago* (1894) de Stead, y constituye una muestra perfecta:

> 'La búsqueda del todopoderoso dólar es su Santo Grial'.

En 1896, el arquitecto Edwin Lutyens, que cortejaba a su futura esposa Emily Lytton en contra de los deseos de la familia de ella, escribía:

> 'Si sólo tuviera, como los caballeros antiguos, alguna esperanza –algún Grial-, ¡cómo lucharía!'.

Y cuando ella le dio esa esperanza, él le contestó:

> '...que había visto el más santo de los griales'.

Se trata de una imagen que aparece de nuevo, en un contexto mucho menos idealista, en *El Gran Gatsby*, de F. Scott Fitzgerald, Gatsby reflexiona sobre su relación con Daisy, a la que ha seducido a la ligera, y se da cuenta de que;

> 'no ha salido como había imaginado. Había pretendido, probablemente, tomar lo que quisiera y marcharse, pero ahora comprobaba que se había comprometido a la persecución de un grial'.

Pero todo ello tiene todavía una fuerte resonancia literaria, de hecho, la metáfora del *Santo Grial* tan sólo ha llegado a existir de una forma independiente de cualquier connotación literaria en la última década del siglo XX. A principios de los años noventa, un estudio de tres periódicos franceses revelaba la afición de los científicos por el término *Santo Grial*, en relación con las áreas de investigación más especulativas y filosóficas, tales como la Física de partículas y los orígenes del Universo:

'La idea de una teoría unificada en el campo de la Física era lo que los investigadores llamaban el Santo Grial de la Física'.

Estos ejemplos conservan algo de la imagen original, ya sea por la referencia a la leyenda o por hallarse en un terreno en el que la ciencia invade el área que normalmente se considera perteneciente a la Religión. Resulta llamativo el modo en que, en las últimas décadas, el *Santo Grial* ha adquirido un uso libre de sus asociaciones históricas o legendarias. Así el *Santo Grial* pasa de ser una versión mítica y romántica del acto principal de una de las mayores religiones del mundo, un arquetipo platónico, la versión primigenia ideal de cualquier objeto, objetivo o concepto (cuando nuestros antepasados medievales intentaban llegar a lo espiritual e intangible) hasta llegar a objetos de un estante superior en un supermercado, hoy en nuestra era materialista actual.

El mito

El mito de una edad de oro, con un paraíso terrenal donde todos viven en armonía con sus semejantes en la Naturaleza y el Cosmos, existe en casi todas las culturas del mundo. El impulso de volver a aquel jardín sacrosanto puede considerarse uno de los anhelos más intensos del hombre. Es como si, de alguna manera más o menos nebulosa, todos los pueblos recordasen que existió alguna vez. A lo largo y ancho del mundo, los mitos del paraíso resultan asombrosamente similares en el sentido de que hablan de un tiempo en el que los seres humanos celebraban; la vida, la tierra, la risa, el amor y la claridad del espíritu que parecía empapar todas las cosas. Es una de las razones por las que el mito del Grial ha mantenido su fuerza, dado que afecta a una memoria colectiva e inconsciente de aquella Edad de Oro que tal vez existiera realmente. En Occidente, la forma última del paraíso es el Cielo, la recompensa que prometen las religiones judía, cristiana e islámica. Lo malo de estos reinos celestiales de felicidad perfecta es que sólo podemos disfrutarlos *post mortem*, en el Más Allá, no en el Aquí y Ahora. Es la suprema cita a ciegas que nos ofrece la casta sacerdotal.

Sin embargo, también aquí en la tierra ha habido muchas promesas de nuevos mundos de paz y prosperidad, las que formuló el dios judío a su pueblo elegido o las que hizo Cristóbal Colón a los Reyes Católicos. Parece que Colón creía en la existencia de un paraíso vírgen pero situado allende el horizonte occidental. Y que además él iba a ser el descubridor y mensajero divino del Nuevo Reino. Todas y cada una de las naciones colonizadoras que siguieron a España rumbo al paraíso llevaban consigo el virus que destruiría aquel Edén terrestre en el preciso instante en que los hombres pusieran el pie en sus playas. La epidemia que los conquistadores llevaron a aquellas nuevas tierras no fue un repertorio de microorganismos que portaban los colonizadores, sino el más insidioso morbo de una sociedad crónicamente desequilibrada. Europa invadió las Américas e impuso allí el sistema; piramidal, represor, manipulador, competitivo, violento y belicoso que a punto había estado de destruir su continente. Y este sistema no estaba programado para formularse preguntas acerca de sí mismo. El gusano ya había engordado en el corazón de la manzana y Eva comprobó una vez más que Dios era el típico patriarca misógino, receloso y orientado hacia la muerte que creía haber dejado atrás, en el Viejo Mundo, Así, doscientos años después de que las leyendas del Grial expusieran la posibilidad de fertilizar el páramo terrenal, y de que el despertar espiritual del Languedoc se aprestara a dar un salto espectacular hacia una nueva conciencia, se perdió otra extraordinaria oportunidad de recrear el paraíso terrenal. La interrogante es si podemos dar un codazo al planeta para impulsarlo hacia la cordura necesaria para tender un puente sobre el abismo que alcance definitivamente el santo Grial.

María Magdalena y la Santa Sangre

Las leyendas del Grial son heréticas bajo el punto de vista de la doctrina de la Iglesia, pero muchos han sugerido que la historia verdadera del Grial es aún más herética para una Iglesia que ha negado la autoridad espiritual a las mujeres durante casi dos milenios. Es la historia de la *mujer* de Jesús. Esta historia habría sido una grave herejía para la Iglesia, y la experiencia de los cátaros suficiente para convencer a la gente de que la historia no se podía explicar directamente. La historia se tendría que envolver en tal simbolismo que solamente el iniciado entendería su sentido. Los Evangelios Canónicos cuentan la historia de la crucifixión, pero ninguno de ellos habla de la sangre que manó de su cuerpo y que se recogió en algún tipo de recipiente. Jesucristo recibió un lanzazo en el costado, pero como ya estaba muerto no habría sangrado mucho. ¿Y si la historia de la recogida de la sangre de Jesucristo no es una historia literal sobre sangre, sino una historia sobre la sangre en el sentido de parentesco? Llamamos a nuestra familia nuestra 'carne y sangre', y hablamos de la descendencia como la 'línea sanguínea'. ¿Y si el recipiente no fuera una copa o cáliz, sino el recipiente vivo en un cuerpo de mujer? El cáliz o copa es un símbolo antiguo de la mujer y del vientre.

Esta idea es herética, porque la doctrina de la Iglesia insiste en que tanto María, la madre de Jesucristo, como el propio Jesucristo fueron vírgenes perpetuos. La Iglesia ha hecho de la virginidad una virtud extrema. Hay muy poca información en el Nuevo Testamento que nos pueda dar pistas sobre el estado marital de Jesucristo. El Judaísmo nunca ha favorecido el celibato, y no cabe duda de que Jesucristo era judío. El matrimonio y la familia se consideraban elementos importantes de una recta vida como judío. Algunos grupos judíos de aquella época, como los esenios, se decía que eran célibes, pero vivían en el retiro y tendían a ser legalistas en sus interpretaciones de las leyes. El Jesucristo del Nuevo Testamento viaja por todas partes con un grupo de discípulos, incluido un numeroso grupo de mujeres. Desafiaba interpretaciones legalistas de la ley defendiendo su derecho a curar en el *sabbath*. Comía con gente que otros habrían encontrado sucia. Su perfil no se corresponde con el del miembro de ningún grupo célibe conocido.

A Jesucristo a veces le llamaban *rabino* en el Nuevo Testamento. Generalmente, a los hombres no se les permitía ser rabinos hasta que se casaran. Así, este tratamiento hace pensar que se casó, como se podía esperar de cualquier hombre judío de su edad. La versión de que nació de una virgen conduce a la acusación de que era ilegítimo, pero no hay ninguna afirmación de que estuviese soltero, que es una acusación que se podría haber esperado en aquella época y cultura. Se creía que un hombre soltero no estaba cumpliendo sus obligaciones religiosas. ¿Cómo podría ser un hombre semejante un líder religioso? Sin embargo, esta acusación nunca se hizo contra Jesucristo.

Nada de esto demuestra que Jesucristo se hubiera casado, pero muestra que tal posibilidad no es en absoluto inverosímil. ¿Si Jesucristo estaba casado, quién era su mujer? El personaje más probable es la mujer que en la leyenda dice que recogió su sangre en una copa o en una cesta de huevos. En ese contexto, las dos historias aceptan un simbolismo significativo del vientre y de la fertilidad. Esa mujer era María Magdalena.

Se cree en occidente que María Magdalena no era la mujer de Jesucristo porque fue presentada por la Iglesia Occidental como una prostituta y alabada como una pecadora arrepentida. El Papa Gregorio creó la imagen oficial de María Magdalena en el siglo VI. No está claro si se basaba en teorías anteriores o creó las suyas propias, pero sus afirmaciones la presentan como la más destacada de las mujeres en la crucifixión, y los apóstoles Marco y Mateo como el primer testigo de la resurrección y el mensajero de los otros apóstoles. En el Evangelio de San Juan, María Magdalena es parte de una reunión de familia, pues está al pie de la cruz con el discípulo amado y la madre y tía de Jesucristo. Es además la testigo de la resurrección. En los textos apócrifos, María Magdalena es presentada como la compañera de Jesucristo, como la mujer que Jesucristo amaba más que los otros discípulos, y la mujer que él besó. Algunos sostienen que este beso era puramente simbólico y místico, pero quizás no fuera así. Se la retrata también como el discípulo que mejor entendía las enseñanzas de Jesucristo y que era la que mejor enseñaba a los demás. Ella reconforta a los otros discípulos después de la muerte y los anima a difundir su palabra. En los textos se le llama:

'la mujer que todo lo sabía', 'la mujer que revelaba la grandeza del revelador', 'la que es heredera de la luz', y 'el apóstol que sobresale del resto'.

Todo ello indica quizás que María Magdalena habría sido la mujer de Jesucristo y/o uno de sus destacados discípulos y apóstoles. De la datación de los textos apócrifos, es muy probable que, a principios del siglo II, y muy posiblemente en el siglo I, existiera una tradición de enseñanzas sobre María Magdalena. En las primeras versiones de la cristiandad, María Magdalena, no María la madre de Jesucristo, era la mujer más importante en el entorno de Jesucristo. La Iglesia Oriental fue determinante al ayudar a reemplazar a María Magdalena por María la Madre de Jesucristo como la María de la tumba y la testigo de la resurrección. A pesar de ello, la Iglesia Oriental nunca vilipendió a María Magdalena como una prostituta, tal y como hizo la Iglesia Occidental durante quince siglos.

La Iglesia Oriental tiene dos leyendas sobre María Magdalena y los huevos. Una, es que ella estaba al pie de la cruz y recogía la sangre de Jesucristo en una cesta de huevos que se volvían rojos. Otra es que fue a Roma con María la madre de Jesucristo y se presentó ante el emperador Tiberio. Cuando María Magdalena le contó la historia de la resurrección de Jesucristo, él se mofó y dijo que un hombre no podía levantarse de entre los muertos como un huevo no podía volverse rojo. En respuesta, María Magdalena cogió un huevo e instantáneamente se volvió de un color rojo brillante.

En Francia, justo antes de las Cruzadas, y de que las leyendas del Grial empezaran a aparecer, floreció otra, dice que después de la crucifixión, María Magdalena fue conducida fuera de Tierra Santa y enviada por mar en una nave sin remos. Milagrosamente, la embarcación la llevó sana y salva hasta Marsella. Se dice que convirtió a la gente local y luego se retiró a una vida contemplativa. Encontrar su cuerpo se convirtió en una denodada búsqueda en la Edad Media, y se llegaron a encontrar hasta seis de sus cuerpos.

Existe otra leyenda, probablemente relacionada con el Evangelio de San Juan. Dice que María Magdalena viajó hasta Efeso para vivir con María, - la madre de Jesucristo- y que allí se recluyó. Si hay alguna verdad en estas leyendas, es posible que fuera primero a Efeso y luego a Marsella, donde se clausuró en una vida de contemplación. Se cree que los mismos caballeros templarios tuvieron sus propios secretos. La teoría es que Bernardo de Claraval y el Conde de Champaña descubrieron algo importante enterrado bajo el Templo de Jerusalén. Utilizaron su influencia para que la Orden de Sion y los Caballeros templarios tuvieran acceso en Jerusalén al Monte del Templo, y parte de lo que encontraron allí podría haber sido información sobre la vida de Jesucristo y su relación con María Magdalena. Sabemos también del descubrimiento de los Rollos del Mar Muerto y que algunos textos judíos se ocultaron antes de la guerra contra Roma en el siglo I, así que no sería una sorpresa que los Templarios encontraran algunos fragmentos.

Si los Templarios tuvieron información que amenazaba a la Iglesia, podría explicarse su aumento de poder y riquezas así como su repentina destrucción. Los relatos históricos coinciden en que los Templarios se marcharon a Francia por mar con sus tesoros y nunca fueron capturados por la Iglesia. Otra teoría popular cuenta que la flota navegó hacia las propiedades templarias en Irlanda y después a Escocia. El rey de Escocia, Bruce, tenía conflictos con la Iglesia y había sido excomulgado. Si el tesoro templario, y quizá también cátaro, llegaron a Escocia, ¿qué fue de ellos?. Se ha afirmado durante mucho tiempo que una sociedad masónica escocesa se basaba en los templarios. Los masones fueron en su origen un gremio de artesanos de la construcción, pero una secta de la Masonería evolucionó hacia intereses sobre temas antiguos y esotéricos que al parecer habían interesado también a los Templarios.

Hay una capilla en Escocia llamada Rosslyn Chapel, que ha interesado durante mucho tiempo a los investigadores del Grial. En principio es una iglesia cristiana, pero está llena de imaginería pagana. Conserva mucha obra compleja de albañilería y es la fuente de una leyenda masónica sobre un maestro albañil que mató a un aprendiz por los celos que tenía de su trabajo. Se cree que el tesoro y los secretos de los Templarios estuvieron allí enterrados.

Otro elemento en la leyenda del Grial y María Magdalena es la creencia en que los descendientes de Jesucristo y María Magdalena se podrían haber emparentado con la línea merovingia de Francia. El último rey merovingio reconocido fue Dagoberto II, asesinado en 679. El trono francés fue usurpado posteriormente por los carolingios, en connsecuenciala historia de María Magdalena se entrelaza con la del linaje o sangre real en Francia. Los gobernantes carolingios se casaron con princesas merovingias, y así el linaje continuó en la Casa real. Esta versión de los linajes ha sido puesta de relieve por el descubrimiento de unos documentos llamados: *Dossiers Secrets* en la Biblioteca Nacional de Francia que fueron depositados en el 956 d.C. Tales documentos afirman que la Orden de Sion ha continuado hasta el presente como una orden no-religiosa llamada el Priorato de Sion que contiene los secretos de los Templarios. Los documentos incluyen la lista de los antiguos grandes maestros del Priorato, en ella hay grandes maestros que eran mujeres durante los primeros siglos, pero no en épocas recientes. Entre los grandes maestros se encuentran algunos de los hombres más famosos de su tiempo, como; Leonardo da Vinci, Isaac Newton o Víctor Hugo. Los textos apócrifos sobre María Magdalena descubiertos en el siglo XX sugieren que el apóstol Pedro se presenta como adversario de María Magdalena, celoso de su relación con Jesucristo y resentido por su posición como apóstol destacado. María Magdalena lo describe como *una amenaza para todas las mujeres* y dice que le temía lo cual explicaría su huida de Tierra Santa. Por otra parte, hay pocas pruebas históricas que sostengan la pretensión de que el Priorato de Sión sea la continuación de la antigua Orden de Sion. La lista de antiguos maestros de los *Dossiers* empieza con los mismos ocho nombres que aparecen en una antigua lista masónica de Grandes Maestros Templarios secretos, y puede ser solo una continuación de esa lista.

En el presente la búsqueda del Grial adopta formas diferentes en personas diferentes. Es una búsqueda para desentrañar un misterio y descubrir qué sucedió para desenmascarar la verdad histórica, y reivindicar así el aspecto femenino del cristianismo. Es también una búsqueda de un linaje que facilite el retorno de un rey. Para los que reclaman el linaje, puede ser una búsqueda de poder. Para otros el empeño no tiene que ver con la historia, es el viaje arquetípico de Perceval hacia una mayor compasión y comprensión, una búsqueda de la unión mística y de lo sagrado en nuestro mundo tan secular, de la fuente última y el sentido de la vida.

La supuesta llegada del Santo Grial a la Catedral de Valencia

José de Arimatea era un caballero al servicio de Poncio Pilato, quien le dio el recipiente con la sangre de Jesucristo recogida en la cruz, y también el permiso para enterrar el cuerpo. Junto con Nicodemo lo preparó, y así dio comienzo la tradición del Grial como la piedra sobre la que sangró Jesucristo muerto. Mientras le lavaban, las heridas comenzaron a sangrar, entonces José sacó una vasija y decidió que se guardarían mejor allí las gotas que en cualquier otro recipiente. Así que recogió la sangre que manaba de las heridas, envolvió el cadáver en un fino lienzo y lo depositó en el sarcófago de piedra que poseía desde hacía mucho tiempo con el fin de ser él mismo sepultado allí. Ocultó el sarcófago con una gran piedra plana para así evitar que los discípulos de Jesucristo robaran el cuerpo. José, apresado por los judíos, recibió la visita de Jesucristo, quien le dio el recipiente que habría pedido durante los preparativos del funeral:

> 'La tendrás y la preservarás, le dijo Jesucristo, y lo mismo harán todos aquellos a los que se la encomiendes. Quienquiera que sepa de su existencia será bien amado en este mundo, y la compañía de aquellos que conozcan de su existencia y escriban libros sobre ella será buscada más que la de otras gentes'.

Cuando José le preguntó por qué le daba el Grial, Jesucristo contestó:

> 'Tú me bajaste de la cruz y me pusiste en tu sepulcro, después de que me sentara en la cena junto a Simón Pedro y dije que sería traicionado. Como esto sucedió en la mesa, las mesas serán puestas en el futuro para que yo pueda ser sacrificado. La mesa significa la cruz, los recipientes donde se harán el sacrificio y la consagración representará la tumba donde tú me sepultaste. Ésta es la copa donde mi cuerpo será consagrado con la forma de hostia. La patena dondc será puesta simbolizará la piedra con la que tú tapaste la boca de la tumba, la tela que la cubrirá representa la tela con la que tú envolviste mi cuerpo. Así el significado de tu acción será conocido por toda la cristiandad hasta el fin de los tiempos'.

Así el Grial era un *vaso* que contenía la sagrada sangre de Jesucristo, también el *plato* para el pan y el cordero pascual de la Última Cena, así como una *vasija* para recoger la sangre de las heridas de Jesucristo en la cruz. Poco se sabe de cómo llegó el vaso a manos de los apóstoles, San Pedro o María Magdalena.

Cuando el emperador romano Valeriano (257-260 d.C.) pretendió apoderarse de los bienes de la Iglesia llegando a confiscar y allanar hasta las catacumbas y cementerios cristianos, ordenó al entonces pontífice Sixto II (257-258 d.C.) que entregara todas las reliquias que obraran en su poder pero al negarse éste fue decapitado el 6 de agosto del 258. Lorenzo de Osca (Huesca), el Primer Diácono de la Iglesia de Roma y Tesorero se ocupó entonces de hacer llevar el Cáliz papal,- que había estado en poder de los pontífices- hasta su tierra natal, Huesca, pidiéndole a dos legionarios hispanos que el cáliz fuera entregado a sus padres, Orencio y Paciencia que vivían en Loret ya que entonces no existía en Huesca sede episcopal. Poco más de doscientos años habría permanecido el cáliz en Roma, y cuatrocientos cincuenta en Huesca, cuando fue declarada diócesis episcopal en el 563 y nombrado Vicencio como primer obispo y cinco los prelados que le sucedieron hasta la invasión musulmana en el 711. Al año siguiente, el obispo Acisclo, ante el arrollador avance de los invasores, abandonó Huesca siguiendo a; nobles, guerreros y pueblos que no quisieron caer bajo la opresión musulmana huyendo con los objetos sagrados y reliquias de los santos (*res sacras et Sanctorum reliquias*) refugiándose primero en la Cueva de Yebra, situada en una altiplanicie del monte Ontoria en Cantabria, posteriormente se cobijaron en el monasterio de San Pedro de Siresa, quizá el más antiguo de los cenobios de tradición visigótica, donde el cáliz permanecería escondido en un sagrario excavado en la piedra durante casi un siglo. De ese monasterio visigodo el cáliz pasó al de San Adrián de Sasabe, en los valles de Canfranc y Hecho, y por la lucha contra el invasor, en tiempos del obispo Mancio II (1014-1033) el cáliz debió ser trasladado a la iglesia románica de San Pedro en la Sede Real de Bailo. En el 1063, don Sancho de Aragón edificó una catedral románica en Jaca en la que depositó la preciada reliquia. Al ocupar la catedral Sancho (a quien los peregrinos llamaban *maestro de reyes*) un concilio decidió que el nombramiento del obispo de Aragón recayera en adelante en un monje del monasterio de San Juan de la Peña y así, en el 1071, el cáliz fue trasladado al monasterio y quedó bajo la jurisdicción de la Santa Sede. En 1399, Martín I el Humano rey de Aragón, solicitó del prior del monasterio el cáliz para trasladarlo a la capilla del Palacio de la Aljafería en Zaragoza donde pasó a ser venerado como una joya integrante de las reliquias propiedad de la Corona de Aragón. El rey Alfonso II de Valencia y V de Aragón (llamado *el magnánimo*) que sentía gran predilección por la ciudad de Valencia, hizo llevar el cáliz desde Zaragoza a su palacio en Valencia alrededor de 1424. Desde entonces el cáliz ha estado ininterrumpidamente en la Catedral de Valencia hasta el mes de marzo de 1809, cuando a causa de la Guerra de la Independencia, se trasladó sucesivamente a Alicante, Mallorca e Ibiza para ponerlo a salvo del pillaje por el ejército napoleónico. En 1813 fue devuelto a la catedral de Valencia y depositado en la Capilla del santo cáliz, hasta que el 21 de julio de 1936, para evitar un nuevo saqueo en la catedral, la señorita M. Sabina Suey y otros fieles, ayudados por el reverendo Colomina, escondieron la reliquia en una casa del pueblo de Carlet hasta la liberación de la ciudad por el ejército sublevado a primeros de abril de 1939.

En 1959, con motivo de las fiestas conmemorativas del martirio de San Lorenzo y de la llegada a España de la reliquia el cáliz fue llevado por la ruta peregrina que recorriera en el pasado por calles y parajes calles en los que millares de fieles se acercaron enfervorizados para contemplar y venerar el santo Grial.

Bibliografía

Elías Olmos Oanalda. *Cómo fue salvado el Santo Cáliz de la Cena, Canónigo archivero de la Catedral de Valencia*: 1946.

Juan Ángel Oñate. *El Santo Grial. Su historia, su culto y sus destinos*. Valencia: 1952 / 1990.

M. Baigent, R. Leigh y H. Lincoln. *El Enigma sagrado, el Santo grial, La Orden de Sión, Los Templarios, Los Franc-masones, Los Cátaros, Jesucristo, Martinez Roca:* 1982.

Malcom Godwin. *El Santo Grial. Orígenes, significado y revelaciones de una leyenda*. Emecé: 1994.

Manuel Sánchez Navarrete. *El Santo Cáliz de la Cena. Santo Grial venerado en la catedral de Valencia*. Cofradía del Santo Cáliz: 1994.

Andrew Sinclair. *El Santo Grial*, Edhasa: 1998.

Carter Scott. *El Santo Grial*, Edimat: 2002.

Margaret Starbrid. *María Magdalena y el Santo Grial. La verdad sobre el linaje de Cristo*, *Planeta*: 2004.

Richard Barber. *El Santo Grial, Historia de una leyenda*, *La liebre de marzo*: 2004.

Andrew Collins. *El Santo Grial, en busca de una leyenda*, *Zenith*: 2005.

Sangeet Duchane. *El Santo Grial*, Taschen: 2007.

EL SANTO CALIZ DE LA CENA
(Santo Grial)
venerado en la Catedral de Valencia (España)

Una meditación

'La búsqueda del silencio es múltiple, antigua, universal. Impregnan toda la historia humana; hindúes, budistas, taoístas, pitagóricos, cristianos han experimentado la necesidad y los beneficios del silencio. El silencio es la condición necesaria de toda relación con Dios. La meditación, la oración interior, toda plegaria así lo exige. La tradición monástica ha transmitido, desde la antigüedad, un *ars meditandi* que rebasa los claustros en el siglo XVI y que desde entonces conforma una disciplina interior accesible a los laicos que les llevó a preconizar una lucha contra la distracción estrechamente ligada al silencio'

Alain Corbin. *Historia del silencio*, 2019.

Sí, volví a la casa de mi abuelo. Tenía que desandar los pasos y regresar a los años de la adolescencia, recordar todas esas conversaciones interminables en la biblioteca con mi abuelo. Sentía una profunda nostalgia.

Segovia ha sido un mosaico de culturas. A finales de la época visigoda, San Frutos el anacoreta, fundó el priorato benedictino del Duratón pero el reino musulmán de Toledo desbarató el florecimiento del cristianismo cuando Ali Maimon, en el año 1072, asedió y destruyó la ciudad que se convirtió durante años *en tierra arrebatada a los osos, jabalíes y otras fieras.* Diez años más tarde, en 1088, el conde Raimundo de Borgoña fue el encargado de la repoblación de la ciudad con campesinos venidos de Burgos y La Rioja, y posteriormente, de Navarra y Aragón. Durante los siglos XII y XIII llegaron a la diócesis de Segovia las nuevas órdenes religiosas; primero los trinitarios en 1207 que edificaron la iglesia de la

Vera Cruz. Más tarde fue la predicación de Santo Domingo, que en 1218, promovió la fundación del convento de Santa Cruz. Décadas después, en 1231, los franciscanos se establecieron en las ciudades de Sepúlveda y Cuéllar, y en el siglo XV, lo hicieron los agustinos pero a finales del siglo XIV, toda esta incipiente espiritualidad desapareció por las epidemias de peste que volvieron a convertir la ciudad *en yerma y mal poblada*.

La presencia de estas órdenes religiosas en la ciudad no detuvo sin embargo el oscurantismo de la guerra porque los caballeros de los concejos obtenían grandes beneficios económicos en sus expediciones de pillaje por tierras de moros. Las cabalgadas se dirigían por lo general hacia las tierras más ricas de Andalucía donde hacían gran número de prisioneros, robaban ganado y se apropiaban de monedas, objetos de oro y plata. Con la creación de la *Mesta* en 1273, -fecha en que Alfonso X concedió privilegios a los ganaderos castellanos- comenzaron a exportarse los paños segovianos a Flandes y norte de Francia, de modo que la lana y los paños, fueron los principales artículos de venta de los mercaderes de Segovia, Medina del Campo y Burgos. De otra parte, los judíos de la Aljama, y tras su expulsión posterior, los conversos, llegaron a ser grandes comerciantes y hombres de gran cultura: La iglesia del Corpus Christi, en plena calle Real, -antigua sinagoga- es un testimonio fehaciente de la presencia hebrea en la ciudad. San Millán es ejemplo del románico de arrabal construído sobre restos prerrománicos a imitación de la iglesia de Jaca que hizo construir Alfonso VI.

Si el acueducto es el símbolo de Segovia, el Alcázar es el monumento que define la ciudad y a toda Castilla. El 13 de diciembre de 1474 salió de esta fortaleza el cortejo que condujo a la princesa Isabel hasta la Plaza Mayor para ser coronada reina de Castilla, una monarquía que se tambaleó en los últimos días de mayo de 1520, cuando estalló la revuelta social de los Comuneros, expresión del descontento popular contra los recaudadores de impuestos, y una revolución prematura porque el campesinado trató de dar poder a una burguesía que prefería la tutela de la Corona y la alianza con la aristocracia.

A mediados del siglo XVIII había en todos los pueblos circundantes a Segovia verdaderas factorías para el esquileo del ganado lanar, una actividad económica que alternaba con los señoríos y la institución agraria de los *fetosines*: el reparto de tierras labrantías entre los vecinos del municipio, una costumbre quizás prerromana o goda que permaneció en Segovia. En los siglos sucesivos se fundaron en la ciudad; un Ingenio de la Moneda, una Real Fábrica de vidrios y cristales en La Granja, y en la Plaza Mayor se celebraban las corridas de toros, bajo la mirada serena de la catedral, la *dama de las catedrales*. Durante la Guerra civil Segovia quedó en la zona sublevada, aunque al estar a pocos kilómetros del frente sufrió los ataques de la aviación republicana. Y Antonio Machado vivió en la ciudad y hasta llegó a escribir versos sobre ella:

> 'En Segovia, una tarde de paseo por la alameda que el Eresma baña / para leer mi Biblia / eché mano al estuche de las gafas / en busca de ese andamio de mis ojos, / mi volado balcón de la mirada'.

Y con este verso, y la memoria de la ciudad, entré en la biblioteca de mi abuelo que había reunido durante toda su vida. Se conserva intacta en el segundo piso de la casa familiar en la Plaza de Guevara. Las paredes del amplio salón están forradas por estanterías de madera rústica. El abuelo invirtió mucho tiempo y dinero en coleccionar libros sobre temas espirituales, su gran afición. Y hasta que sus hijos no decidan qué hacer con ella, si venderla o regalarla a bibliotecas públicas de la ciudad, me han permitido, como nieto favorito, que la consulte. Además, han tenido la amabilidad de dejarme una llave de la casa, tanto confían en mí porque era de sobra conocido por toda la familia que solía visitarle a menudo, y nos teníamos un afecto mutuo que excedía la relación entre nieto y abuelo. Siempre me invitaba a pasar al salón, nos sentábamos en el sofá blanco tapizado con flores de lis, abría el reloj inglés de pared, sacaba una botella de licor *Cointreau* y me ofrecía un vasito que colocaba sobre la mesa de caoba. Luego, comenzábamos a hablar de lo humano y lo divino. Iba vestido con traje, chaleco y corbata, se acariciaba el bigote y me miraba atento con sus ojos azules inquisitivos, como si deseara adivinar mis pensamientos.

Esta es la imagen más viva que recuerdo de él, es imborrable. Hoy, en esta tarde lluviosa de octubre me encuentro solo rodeado de los libros que le acompañaron en vida. No me atrevo a abrir el reloj de pared porque ya no puede acompañarme, aunque siento que está sentado frente a mí, y me mira con sus ojos llenos de dulzura.

Hojeo primero la obra de Lao Tse, el místico chino que nació en Kiejeu en el 571 a.C. y decidió retirarse a un lugar aislado para llevar una vida de sabio. Quiso pasar al Tibet pero, retenido en la frontera, escribió una recopilación de aforismos que llegaron a Europa a través de los jesuitas franceses. Esta colección de sentencias serían la base espiritual del

Taoísmo e influirían poderosamente en todo el pensamiento universal. Lao Tse defendía la abolición de los regímenes autoritarios que sofocaban las fuerzas espirituales de los súbditos, denunciaba el engaño de las ideologías, la degradación de la libertad y proponía la eliminación de la violencia como instrumento de los gobernantes, mostrando al incrédulo un *tao* o camino:

> 'El Tao es como un jarro / que el caño no llena nunca. / Es parecido a un abismo, / origen de todas las cosas del mundo. / El Tao mella todo filo, / desenreda todo ovillo, / fusiona todas las luces, / unifica todas las polvaredas. / Parece muy profundo, / parece durar siempre. / Hijo de yo no sé quién, / debe ser el ancestro de los dioses'.

Coloqué el libro de Lao Tse junto a las obras de los filósofos y abrí uno de los cajones donde guardaba mapas y pergaminos que solía comprar en anticuarios. Saqué con cuidado el pergamino de Bahya ben Ibn Paquda (del siglo XII), el filósofo judío místico, titulado: *El deber de los corazones,* Ibn Paquda fue quizás la figura más relevante del pensamiento judío, -junto con el cordobés Maimónides- que había recogido la sabiduría ancestral de Oriente y sacado a la luz el pensamiento de otros profetas e iluminados en un viaje por la mística de la humanidad. Comienza su discurso afirmando que:

> 'La ética del pueblo judío la constituía un conjunto de normas, leyes y preceptos sin ninguna estructuración conceptual ni esquema filosófico, a excepción de la existencia en el alma humana de tres fuerzas innatas; el amor, la aversión y el discernimiento'.

En el mundo semita el corazón es el órgano básico para la vida; mental, emocional e íntima de modo que existen *deberes del corazón* que solamente conoce Dios y son fruto de la práctica diaria del hombre sencillo y virtuoso que lucha por su perfección religiosa. Estas reflexiones ancestrales me recordaron las palabras de San Pablo cuando decía que:

> 'Sin amor el hombre no es más que un metal que resuena o un platillo que hace ruido. Tener amor es; saber soportar, ser bondadoso, no tener envidia, ni ser presumido, orgulloso, grosero o egoísta, es no enojarse ni guardar rencor, es no alegrarse de las injusticias, sino de la verdad' (San Pablo 1 Co.13).

San Juan de la Cruz (siglo XVI) escribió su *Cántico espiritual* en la cárcel del convento de Carmelitas de Toledo y la poesía que escribió es de inspiración divina:

> 'La noche sosegada / en este sueño espiritual / que el alma tiene en el pecho de su Amado / posee y gusta todo el sosiego / y descanso y quietud de la pacífica noche / y recibe juntamente con Dios una avisal y oscura inteligencia divina'.

En la India de principios del siglo XX, el Yogi Ramacharaka narra en su tratado: *Mystic Christianity* la existencia de la hermandad hebrea ocultista de los Esenios en Judea, muchos años antes de la aparición de San Juan el Bautista. Estos místicos creían en la; doctrina de la reencarnación, la inmanencia de Dios y muchas otras verdades ocultas que aparecieron posteriormente en las enseñanzas cristianas como; la presencia de los *magi* o magos que transmitieron las fuerzas secretas de la Naturaleza y la sabiduría de los astrólogos. En el mismo siglo, en 1935, en EE.UU, el maestro ascendido Saint Germain (transmutado en Ray King) afirmaba proteger y guiar a sus seguidores con su: *Discurso I Am* destinado a aquellos que buscan la luz interior en un mundo que ha generado discordia a través de los siglos. En su segundo *Discurso II,* afirma que cuando Jesús dijo: 'Yo soy la resurrección y la vida', no se refería a una vida exterior sino a la poderosa presencia de la acción de Dios en uno mismo que siembra la perfección en la vida humana.

Casi diez años más tarde, en 1942, un psiquiatra vienés de origen judío, Viktor Frankl, fue deportado con su esposa y padres al campo de concentración de Theresienstadt en Chequia y, más tarde, trasladado al campo de exterminio de Auschwitz. Consiguió sobrevivir y fruto de su experiencia vital escribió el libro: *El hombre en busca de sentido*. Durante los años de cautiverio, sintió en su propio ser lo que significaba vivir una existencia absolutamente desprovista de todo. Padeció; hambre, frío, brutalidades y estuvo a punto de ser ejecutado, pero pudo reconocer que, pese a todo, la vida es digna de ser vivida y que la libertad interior y la dignidad humana son indestructibles:

> 'En los campos de concentración observé la actitud de mis compañeros, mientras que unos se comportaban como cerdos, otros lo hicieron como santos. El hombre goza de ambas posibilidades con sus decisiones y depende de él elegir cuál de las dos sale a la luz'.

Después de la guerra fue nombrado Jefe del Departamento de Neurología de la Policlínica de Viena, puesto que ocupó durante 25 años. Es en esta obra.- y experiencia vital- donde se ponen de relieve las dos caras del ser humano, ángel o demonio.

Jean Gebser el filósofo y lingüista alemán autor de; *Origen y Presente* (1949) se preocupó por estudiar la evolución de la conciencia humana. Fue tanto un hombre de ciencia y artes como un místico. Viajó extensamente por la India y América. En 1939 se trasladó a Berna donde vivió el resto de su vida. Su teoría consiste en mostrar que la conciencia humana se encuentra en transición sufriendo transformaciones que implican cambios estructurales de la mente. Hay varias etapas en la evolución de la conciencia humana; arcaica, mágica, mítica, mental y finalmente: integral que hace consciente las anteriores. Asume que el hombre, libre del yo racional, ya no verá solo fragmentos, sino que llegará a una comprensión espiritual del ser, el hombre y el mundo unidos; percibirá el todo, el *diaphainon* presente antes de todo origen que se trasluce en todo lo existente. Para él no habrá ni cielo ni infierno, ni más acá o más allá, ni yo ni mundo, ni inmanencia ni trascendencia sino un todo perceptible por encima de su desunión mental de modo que el vacío se convertirá en plenitud y la conciencia espiritual se hará presente.

Juan Bergua muestra en su libro: *El libro de los Muertos de los antiguos egipcios* (1962), una clarividente exposición de las creencias sobrenaturales que ha perseguido el ser humano desde tiempo inmemorial. En el antiguo Egipto el alma, *ba,* era inmortal y de naturaleza divina, y tras su separación del cuerpo emprendía un viaje al *Más Allá*. Buda intruía reglas de vida para evitar el sufrimiento y el deseo para alcanzar la liberación. Jesucristo predicaba el reino de dios y de pasada, el infierno. Zoroastro y Mahoma fueron más explícitos pues determinaron el destino de las almas según su conducta terrenal. Hinduístas y budistas predicaron, en lugar de un juicio trascendental, una cadena interminable de premios y castigos según un *karma* individual. La *kabbala* o doctrina secreta de los judíos, se fundamenta en revelaciones divinas: el hombre posee además de su cuerpo físico, otros invisibles que se interpenetran entre sí y disocian en el momento de la muerte; existe un cuerpo vital y pasional (*nephesch*), un alma (*ruach*) y el espíritu o ser verdadero (*neschamah*). El espíritu está en contacto con el estado de espiritualidad absoluta o divinidad al que se llega cuando el hombre haya depurado su ser. En Grecia las almas de los muertos iban al *Haides* un lugar amorfo. Aristóteles consideraba que el alma era el principio de la actividad vital y para los estoicos era de naturaleza material. Plotino, un neoplatónico, creía que las almas eran emanaciones del Uno divino. Entre los filósofos modernos se encuentran los materialistas, que niegan toda realidad espiritual, y los idealistas que creen lo contrario, que la verdadera realidad es de naturaleza espiritual. Descartes estimaba que el alma, sustancia puramente pensante, era inmortal. Leibniz sostenía que el entero Universo está compuesto de átomos psíquicos indestructibles o almas que llamaba *mònadas*, infinitamente variadas en perfección. Por el contrario Spinoza se acercaba a los estoicos, y sostenía que lo que llamamos almas y cuerpos no son sino formas unidas mediante una *substancia suprema* que se manifiesta. Rousseau se limitaba a predicar la inmortalidad del alma apoyándose en la intuición del corazón. Voltaire siguió a los empiristas ingleses considerando el alma encerrada en el cuerpo como en un estuche. Durante el siglo XIX los filósofos parecen tener la necesidad de oscurecer sus opiniones y hacer juegos malabares sobre el Más Allá, por ejemplo Reynaud afirmaba que:

> 'Nuestra vida es continuación de una existencia anterior de la que se expían faltas y preparación de otra en el mundo celeste'.

Fourier, casi en el terreno de lo fantástico, llegó a decir que los astros son seres animados y en ellos cada uno de los seres terrenales tiene un alma eterna. En el poeta Shelling encontramos una pluralidad de espíritus finitos al servicio de lo Absoluto. Renán, por su parte, imaginó un *Centro consciente*, síntesis de todas las conciencias del cosmos donde los seres serían capaces de; hacer milagros científicos, rehacer la Naturaleza e incluso el pasado:

> 'Si el Universo puede alguna vez llegar a ser un único Ser absoluto, este Ser será la vida de todos, renovará en él a todos los seres desaparecidos y en su seno revivirán todos cuantos han sido'.

Bergson, claramente antimaterialista, estimaba que el alma no sólo era una emanación del cuerpo sino que 'el espíritu desborda al cerebro por todas partes', y tras la muerte, el alma de cada uno irá a colocarse en la evolución creadora universal de acuerdo con su actuación en la Tierra. Y finalmente este autor termina su exposición mencionando el Espiritismo, doctrina que cree en las apariciones de los difuntos a través de los médiums que han presentado fenómenos metapsíquicos como; la telepatía, la levitación sin contacto o la aparición de fantasmas que los espiritistas atribuyen a los espíritus del Más Allá, fenómenos que son cuestionados por la ciencia.

En resumen parece que todos los pensadores a lo largo del tiempo coinciden en la opinión de que el hombre es: un movimiento espontáneo de materia que, a causa de la herencia, ha sido creado de materia y de espíritu: un relámpago entre dos eternidades de la noche. Mientras hay creyentes en un Más Allá que les reconforta, los descreídos enarbolan, por otra parte, una creencia en la incertidumbre del misterio.

El monje vietnamita Thích Nhat Hạnh fue un activista por la paz que comenzó a escribir en 1975. Fundó la escuela de Budismo en Plum Village (Francia). Conocido como el *padre* de la conciencia plena, Nhất Hạnh ha sido de gran influencia para la práctica occidental del Budismo. En 1960 vivió en Estados Unidos donde estudió religiones comparadas en la Universidad de Princeton, y en 1963, regresó a Vietnam para ayudar a sus seguidores en las manifestaciones no violentas a favor de la paz. Tres años más tarde, se vio obligado a abandonar Vietnam de nuevo por su oposición a la guerra. En 1972 se convirtió en refugiado político en Francia. Ha promovido la *escucha profunda* como un mecanismo no violento de resolución de conflictos y ha creado escuela, predicando la interconexión de todos los elementos en la Naturaleza. Fundó monasterios budistas en varios países en los que se organizan retiros. En 2005, después de 39 años de exilio, regresó definitivamente a Vietnam estableciéndose en su templo de origen: Tu Hien donde residió hasta su muerte en 2022. Thich Nhat ha predicado que: *nuestra casa es el momento presente*, lo que ocurre ahora mismo, y nuestro verdadero hogar un lugar sin discriminación ni odio, un espacio donde dejamos de buscar, anhelar y arrepentirnos de algo. El verdadero hogar debes crearlo por tí mismo. Cuando sepamos cómo equilibrar nuestro cuerpo y cuidar de él, entonces se convertirá en un hogar cómodo y pacífico. Cuando sepamos cómo cuidar de nuestros sentimientos, generar alegría y felicidad alrededor, y sobrellevar sentimientos dolorosos, podremos cultivar un hogar feliz en el momento presente. Y cuando sepamos generar comprensión y compasión, nuestro hogar interior será un verdadero hogar. El hogar no es algo que deba desearse sino cultivarsc. *No existe el camino a casa, la casa es el camino* y 'debemos convertir el momento presente en el más maravilloso de nuestras vidas'.

Elisabeth Haich, publicó en inglés: *Initiation* (1994) sobre su iniciación en los secretos esotéricos de los sacerdotes egipcios que la invitaron a entender los misterios de la vida y expandir su conciencia. El Sacerdote Supremo Ptahhotel la instruyó en cuatro grados de elevación; el *humano* con el intelecto, el *genial* basado en la intuición, el *profético* caracterizado por la sabiduría y amor universal, y el *hombre-divino* con el poder de omnipotencia. Elisabeth cuenta que durante el proceso místico, el iniciado ha de alcanzar la conciencia de un octavo lo que representa la: *realidad absoluta personal*. Cuando se supera este primer umbral asciende hasta un estadio de *ensueño* que, si no es superado, por permanecer paralizado (al no saber distinguir las ensoñaciones como tales), entonces caerá en la confusión de percibirlas como realidades, y en tal punto, el cuerpo físico perecerá irremediablemente obligando al iniciado a proseguir su ascenso durante incontables ensueños y reencarnaciones hasta comprender que éstos son solamente proyecciones del ego inmersos en el Infinito Silencio.

Neale Donald Walsch en sus: *Conversaciones con Dios* (1997) confiesa haber hablado con Dios que se dirigió a él después de atravesar una experiencia vital traumática que le llevó a escribir de forma compulsiva:

> 'El sentimiento es el lenguaje del alma, si deseas saber hasta qué punto algo es cierto para ti, presta atención a lo que sientes. También Me comunico a través del pensamiento y a menudo con imágenes. Además de los sentimientos y pensamientos, uso la experiencia, y cuando fallan todos los anteriores, las palabras, aunque son menos eficaces. La suprema ironía es que se haya dado tanta importancia a la *palabra de Dios* y tan poca a la *Voz interior*. El pensamiento más elevado, claro y grandioso, es siempre el Mío. Todo lo demás procede de otra fuente. El pensamiento más elevado encierra alegría, las palabras más claras encierran verdad, y el sentimiento más grandioso, encierra amor. Mi mensajero más potente es *la experiencia*, así que seguiré enviando los mismos mensajes una y otra vez, a lo largo de milenios. Hay personas verdaderamente dispuestas a escuchar, a permanecer abiertas a la comunicación aun cuando lo que oyen parezca espantoso, disparatado o manifiestamente equivocado. Escucha tus sentimientos, tus pensamientos más elevados y tu experiencia. Yo no poseo una forma o aspecto que podáis comprender y no puedo deciros Mi verdad hasta que vosotros dejéis de decirme las vuestras. La gente cree que: *Yo soy como me ven*, en lugar de *como no me ven,* pero: *Yo Soy el Gran Invisible*, en cierto sentido *Soy lo que no soy*, y es de este no-ser, de donde provengo, y a donde siempre retorno.

Me revelo a través de la experiencia interna y la oración correcta que no es de súplica sino de gratitud. Si crees que Dios es quien crea y decide todo lo que afecta a tu vida, estás equivocado. Dios es el Observador, no el Creador. La función de Dios no es crear o dejar de crear las circunstancias o condiciones de vuestra vida. Dios te ha creado a imagen y semejanza. Vosotros habéis creado el resto por medio del poder que Dios ha concedido. He creado el proceso de la vida, y la propia vida tal y como la conoces, pero también He dado libre albedrío para hacer con la vida lo que quieras. En este sentido, tu voluntad respecto a vosotros es la voluntad de Dios respecto a vosotros. Si crees que Dios es un ser omnipotente que escucha todas las oraciones estás equivocado, Dios posee poder para unir las intenciones con los resultados. No quieras creer en ello (aunque afirmes que Dios es todopoderoso), y en consecuencia, creas en tu imaginación un poder igual al de Dios para darte cuenta de que la voluntad de Dios se vea frustrada. Así habéis creado en vuestra mitología el ser al que llamáis diablo. Incluso habéis imaginado a Dios en guerra con ese ser (pensando que Dios resuelve del mismo modo que vosotros). Y habéis imaginado también que Dios podría perder esa guerra. Todo esto viola lo que dices saber acerca de Dios, pero no importa, vivis en una ilusión, y así sentís temor por vuestra decisión de dudar de Dios.

Todas las acciones humanas están motivadas por dos emociones; el temor o el amor, las demás son derivadas de éstas, he aquí por qué los humanos aman, luego destruyen, y después aman de nuevo. Por otra parte tratáis de imaginar cómo debe de ser el amor de Dios basándoos en cómo veís el amor en el mundo, habéis proyectado en Dios el papel de padre y en consecuencia consideráis un Dios que; juzga, premia y castiga, en base a lo que habéis sido, eso es una visión simplista de Dios. El temor es la energía que; contrae, cierra, huye, oculta, acumula y daña, por el contrario el amor es la energía que; expande, abre, emite, permanece, revela, comparte y sana. Hay que dejar de lado las voces mundanas y fiaros de vuestra *Voz interior*. Esta Voz es la más fuerte con la que hablo. Existe un propósito para toda vuestra vida que es la de experimentar la gloria más plena. *El secreto más profundo es que la vida no es un proceso de descubrimiento sino de creación*. Estáis en la Tierra para recordar y recrear quienes sois. El alma, vuestra alma, ya sabe todo lo que puede saber en todo momento. Nada se le oculta o desconoce, pero saberlo no es suficiente, el alma aspira a experimentarlo. El único deseo de vuestra alma es convertir ese magnífico concepto de sí mismo en su mayor experiencia.

El *Todo de Todo* decidió conocerse experimentalmente, una energía; pura, invisible, inaudible, inobservada y desconocida para cualquier otra energía decidió experimentarse a sí misma así que aparecieron tres elementos; lo que está aquí, lo que está allí, y lo que no está ni aquí ni allí pero que debe existir para que el aquí y el allí existan. Al crear lo que está aquí y allí, Hizo posible que se conociera a Sí mismo, y en el momento de esta gran explosión de Su interior, Creó la relatividad, y como todos los elementos se hallaban en movimiento, el tiempo. De este modo no solo se creó el Universo físico sino también el metafísico, la parte de Dios que forma la ecuación: *soy-no soy*, explotó también en un infinito número de unidades de energía que llamarías espíritus. En algunas de vuestras mitologías religiosas se afirma que *Dios Padre* tiene muchos hijos espirituales, paralelismo con la vida humana para captar la súbita aparición de los innumerables espíritus en el *reino de los cielos*. Mi divino propósito ha sido dividirme para conocerme experimentalmente. A esto se refieren las religiones cuando afirman que fuísteis; *creados a imagen y semejanza de Dios* lo que no significa que Nuestros cuerpos físicos sean iguales, sino que Nuestra esencia es la misma. Una vez en el Universo físico, vosotros, Mis hijos espirituales, podéis experimentar lo que sabéis de vosotros mismos, pero primero habéis de pasar por conocer lo contrario, sed conscientes de vuestra pequeñez, este es el propósito de la Teoría de la Relatividad y de toda la vida física. Vosotros siempre habéis sido y seréis una parte divina del Todo divino. He aquí por qué el acto de reunirse con el Todo, de volver a Dios, se llama *remebranza*. Todos vuestros maestros espirituales han procurado este objetivo, el único de vuestra alma. Así pues, sé la luz en la oscuridad, no olvides quién eres mientras dura tu paseo por el camino de lo que no eres.

Empieza por quedarte en silencio. Silencia el mundo exterior, de modo que puedas contemplar el mundo interior. Deja que cada alma siga su camino. El mundo existe tal y como es porque vosotros lo habéis decidido. Estáis destruyendo vuestro propio medio ambiente y luego consideráis los desastres naturales una broma cruel de Dios o de la violencia de la Naturaleza. Nada es más amable que la Naturaleza y nada ha sido más cruel con ella que el hombre. Alimentad a vuestros hambrientos, restituid la dignidad a vuestros pobres, dad una oportunidad a los menos afortunados, poned fin a los prejuicios, desterrad los absurdos tabúes que afectan a la energía sexual. La magnífica enseñanza de Cristo no fue que tendréis vida eterna, sino que *ya la tenéis*, no fue que seréis hermanos en Dios, sino que *ya lo sois*, no fue que tendréis todo lo que pidáis sino que *ya lo tenéis*.

La primera ley es que puedes; ser, hacer y tener cualquier cosa que seas capaz de imaginar. La segunda ley es; que atraes sobre ti aquello que temes. La *emoción* es la fuerza que atrae. Aquello que más temas es lo que experimentarás. Nada ocurre por casualidad, en el Universo sólo existe un magnífico diseño, un increíble copo de nieve. La emoción es energía en movimiento. Cuando se mueve energía, se crea un efecto. Si se mueve la energía lo suficientemente, se crea materia. La materia es energía comprimida.Todos los Maestros Iluminados entienden esta ley, ésta es la alquimia del Universo y el secreto de toda vida: el pensamiento es energía pura. Cualquier pensamiento que tengáis, hayáis tenido o vayáis a tener es creador. La energía de vuestro pensamiento nunca muere, abandona vuestro ser y se dirige al Universo, expandiéndose para siempre. La energía atrae a la energía semejante que se convierte en materia. Einstein estuvo mucho más cerca que cualquier otro ser humano de descubrir, explicar y utilizar el secreto creador del Universo. Jesuscristo sabía manipular la energía y la materia, cómo organizarla, redistribuirla, controlarla. Muchos Maestros la han conocido y son los que han descubierto el secreto del mundo relativo, quienes han descubierto el amor en cualquier circunstancia.

Dios está en la tristeza y en la carcajada, en lo amargo y en lo dulce, *en* cada cosa se oculta un propósito divino. Todo en la vida es sagrado. Hay tres aspectos de vuestro ser o energías; pensamiento, palabra y acción. Vuestra alma es la suma total de todos los sentimientos que habéis tenido (subconsciente, ello, espíritu, pasado). Vuestra conciencia de algunos de ellos son los *recuerdos*. El proceso de creación se inicia en un primer nivel con el *pensamiento*, una idea, concepto o imagen mental. Las *palabras* son el segundo nivel, luego viene la *acción*. Las acciones son palabras en movimiento o pensamientos expresados, los pensamientos ideas formadas, las ideas son energías reunidas, las energías son fuerzas liberadas, éstas son elementos existentes, partículas de Dios o porciones del Todo. El principio es Dios, el fin es la acción que es Dios creando o experimentando. Todo lo que ves en tu mundo es el resultado de tus ideas sobre él. Hay que pensar cómo el dios que sois os traerá dificultades, unos os llamarán loco, otros se sentirán atraídos por vuestra verdad que ofrecerá más; bienestar, paz, alegría y más amor hacia uno mismo y los demás. Con esta *actitud divina*, se promueve el fin del; odio, temor, guerra e intolerancia, de modo que preparaos como alma buena puesto que seréis despreciados e insultados. Hay que empezar por fijarse en el Más Alto Pensamiento sobre uno mismo, abandonar una vida inconsciente. Las circunstancias son transitorias, nada se mantiene igual o estático así que para realizar cambios todo depende de uno mismo. El alma tiene muy claro que su objetivo es evolucionar, sigue al alma que es el más alto sentimiento de amor que puedas imaginar, el alma es sentimiento, quiere sentirse a sí misma, conocerse en su propia experiencia. El sentimiento más alto es la experiencia de la unidad con el Todo y la tarea del alma es escoger la grandeza, lo mejor que sois. La aceptación de qué sois y su manifestación es lo que hizo Jesucristo, Buda y todos los Maestros Iluminados que han habitado el planeta. No existen los *Diez mandamientos* ni nada parecido, la Iluminación consiste en entender que no hay ningún sitio adonde haya que ir, nada que se tenga que hacer, ni nadie que tenga que ser, excepto precisamente lo que uno está siendo en este momento, se trata de vivir la vida sin expectativas, sin obtener resultados, eso es libertad, santidad, y seguir esta senda significa dedicar toda la mente, cuerpo y alma al proceso de crearse a sí mismo a imagen y semejanza de Dios. El propósito y gloria es que los súbditos dejen de serlo, y que todos conozcan a Dios no como lo Inalcanzable, sino como lo Inevitable. Así pues, con vuestros; padres, esposas, hijos y personas queridas, debéis tratar de no hacer de vuestro amor un pegamento que ligue, sino más bien un imán que primero atraiga, pero luego se gire y repela, para que aquellos a quienes atraiga no empiecen a creer que necesitan estar pegados a vosotros para sobrevivir. Nada puede resultar más perjudicial para los demás.

Las relaciones humanas invitan a; crear, expresar y experimentar las más elevadas facetas de uno mismo, sólo a través de las relaciones con otras personas, lugares y acontecimientos podéis existir en el Universo. Sois únicamente lo que sois en relación a algo que no es. La mayoría inicia las relaciones con las miras puestas en qué puede sacar de ellas, en vez de lo que puede aportar, sólo puede haber un objetivo para las relaciones, y para toda la vida, ser y decidir quienes sois realmente. Parece romántico decir que una persona especial ha entrado en tu vida y que te hace sentir completo pero el objetivo de una relación íntima no es tener a alguien que te complete sino tener a otra persona con la que compartir tu *completitud*. En esto radica el prodigio, la frustración y la alegría de la experiencia humana. Requiere un profundo conocimiento y voluntad de vivir esta paradoja que pocas personas consiguen. Dejad que, en una relación, cada uno se preocupe, no del otro, sino sólo de sí mismo. Es el hecho de centrarse en el otro, de obsesionarse con el otro, lo que hace que las relaciones fracasen. Si no os amáis a vosotros mismos, no podéis amar a otro. Mucha gente comete el error de tratar de amarse a sí mismo a través de otro, y esta pérdida de uno mismo en una relación, es lo que provoca la mayor parte de la amargura en las parejas. Cuando se ha dejado de ver a los otros como almas sagradas en un viaje sagrado, no podéis ver el propósito, la razón, que se oculta tras toda relación, en consecuencia, vuestra primera relación debe ser con vosotros mismos, debéis aprender a; honraros, cuidaros y amaros a vosotros mismos. Uno no tiene que aguantar agresiones a la; dignidad, asaltos al orgullo, perjuicios ni heridas para poder decir que da lo mejor en una relación. Uno no tiene *ninguna* obligación ni respecto a las relaciones, ni respecto a nada de nada en la vida, ni tampoco ninguna restricción o limitación, ninguna pauta o regla. Ni se está obligado por ninguna circunstancia, situación o código de leyes, ni se es merecedor de castigo por ninguna ofensa, ante los ojos de Dios. La mayoría de la gente inicia una relación por motivos equivocados; poner fin a su soledad, llenar un vacío, conseguir amor o tener a alguien a quien amar, otros para; tranquilizar su ego, acabar con sus depresiones, mejorar su vida sexual, recuperarse de una relación anterior o para aliviar su aburrimiento. Una relación íntima no consiste en la satisfacción de una necesidad o transacción, se trata de crear una oportunidad de crecimiento, de auto-expresión plena y de la unión final con Dios a través de la comunión de las almas. La obra de Dios consiste en que todos se den cuenta de quiénes son. La lección fundamental para alcanzar la maestría en la Tierra es *Recordar-Me.*

De este modo tan categórico Neale Donald Walsch concluye sus conversaciones con Dios. Resulta admirable comprobar que la Divinidad no se encuentra sobre una nube, en un altar o en el Más Allá sino, sencillamente en nuestra Voz interior.

Jean Bottero, en su *Historia más bella de Dios* (1998) afirma que no resulta fácil representar la presencia de Dios en el mundo y la Historia. Quizás haga falta ser un poco ateo en este aspecto, o un filósofo agnóstico que tenga el pudor de no nombrar a Dios porque, Dios, o lo que con ese nombre se llame, se disimula en los límites de los seres y las cosas, y el filósofo respeta el silencio del que se rodea. Dios se mantiene en el límite de las cosas porque es sentido y relación. No se mantiene detrás de las cosas, no está oculto en otro mundo, está en el corazón del mundo, trata de hacerse aprehender como *el misterio del mundo*. Y a falta de ser reconocido como ese *misterio*, se hace presentir con el interrogante de nuestra propia existencia en el mundo.

¿Qué es Dios en una vida humana? ¿para qué sirve? Habría que comenzar por desembarazarse de esa idea de *que Dios es útil*. No es un objeto útil, aún menos en las condiciones del mundo moderno. Es el ser gratuito por excelencia, que ni siquiera nos impone su presencia, pero cuando la sentimos en nosotros, podemos experimentar la; gratuidad, alegría o bondad. En este sentido, las cosas se invierten. Para los que han comprendido que la existencia es gratuidad, Dios se hace indispensable, pues nos devuelve constantemente a esa sensación de gratuidad, nos arranca de todo lo que nos sujeta, impide replegarnos sobre las cosas del mundo, acaparar objetos y estar al servicio de los demás.

La idea de dios, o la fe en dios, permite entonces una resistencia. Nos permite prever y construir una humanidad que a veces es contraria al modelo propuesto que concebimos nosotros mismos y, en particular, a los modelos que nos impone una humanidad apartada de dios sin por ello acusar a los que dios no importa.

Esto no quiere decir que se estime indispensable que los hombres piensen en dios, pueden no hacerlo, pero para vivir una vida humana, concebida con libertad de espíritu, creo que hay que llegar a ese sentimiento de la gratuidad de la existencia. Si dios sirve para algo es esencialmente para eso, quizás únicamente para eso.

Llegado a este punto de lecturas y reflexiones dejé los ejemplares en la estantería, me preparé un té y cogí un libro sobre la India. Tenía que hacer una pausa e iniciar con la imaginación un viaje geográfico, pero me topé con un libro que me invitaba, de nuevo, a retomar las reflexiones sobre la espiritualidad humana:

> 'Se suele decir que los indios tienen una relación intuitiva con lo divino. Puede que, en apariencia, el indio no sea muy distinto de cualquier otro *ciudadano del mundo* moderno, pero hasta el indio más moderno, en su mundo interior, es susceptible de estar imbuido de una pragmática religiosidad. Las visitas a los templos y lugares de peregrinaje, el ritual de ayunar de forma regular y recurrir a las prácticas religiosas tradicionales o a gurús, son cuestiones que no han caído en desuso con la globalización y las tentaciones mundanas que esta conlleva, sino más bien al contrario; son más comunes desde los años ochenta y sobre todo en la clase media. La creencia en que las piedras y los árboles tienen alma (animismo, panteísmo) coexiste con la creencia en los dioses superiores, el culto monoteísta de un

dios es tan posible como la oración politeísta o demoníaca de varios dioses, demonios y espíritus'[1].

Me crié en la India rural, al sur de Coimbatore. Soy reencarnado de Shivayogi, en mi última vida nací en setiembre de 1957, y me bautizaron con el nombre de Sadghuru. Fui siempre un niño con viva imaginación y curiosidad insaciables que me aburría en las clases. Me fascinaba soñar despierto hasta que un día, a los doce años, entré como en trance y perdí por completo la noción del tiempo. Cuando me desperté habían transcurrido siete días con sus noches. En la escuela me interesaba la; Geografía, saber de qué estaba hecho el mundo, y cómo vivía la gente. Y más adelante, leí Literatura rusa y vi mucho cine occidental. A los trece años comencé a seguir al gurú Sri Raghavendra Rao, y así fue como me inicié en el yoga desconociendo al principio que me adentraba en una búsqueda espiritual. Comencé pronto a desarrollar la habilidad de identificar la energía de cuerpos kármicos de forma natural (*pranamayakosha)*. Mis padres estaban preocupados por mi salud mental y creían que iba a necesitar ayuda psiquiátrica, veían que me quedaba absorto durante las noches contemplando el firmamento. Todo en la naturaleza me fascinaba, y mi conocimiento de aves y reptiles era instintivo, las serpientes no me daban miedo alguno, así que pronto empecé a ganar dinero atrapándolas en las casas. En uno de los muchos días de ocio me acerqué hasta un templo intrigado para saber qué hacía allí tanta gente, y descubrí que, al salir, chismorreaban, comprobaban que alguien se había llevado sus zapatos y maldecían. Me parecieron simples rituales. La gente

[1] Sudhir Kakar / Katharina Kakar. *La India. Retrato de una sociedad*, 2007:p. 169.

parecía mucho más feliz al salir de los restaurantes. Había cientos de dioses a los que adorar y para hacerles peticiones. Nada de lo que veía me parecía espiritual en eso, no hacía falta un dios que entrara en tu vida para sobrevivir, me parecieron simples apegos. Yo trataba de ver las cosas con claridad. Si uno quiere saber algo de espiritualidad no hay que buscar sino contemplar lo que existe alrededor. Se suele creer que hay que buscar a dios, pero el misterio está ya presente.

Después de acabar el instituto no sabía bien qué iba a estudiar; Medicina, Ingeniería tal vez, así que me matriculé en un curso de la Universidad de Mysore donde leí de todo; Homero, Filosofía o Mecánica. Y más adelante, me sumergí en la lectura de Literatura y Poesía inglesas. Empezó a molestarme la estupidez en la gente aunque, con el tiempo, se convirtió en un sentimiento de compasión. No dependía de mis padres porque ganar dinero me resultaba fácil, construí un palomar con más de tres mil jaulas, vendía vacas o arreglaba tanques de agua. A pesar de mi conducta errática conseguí graduarme en Literatura inglesa aunque sin planes claros para el futuro excepto viajar por el mundo en motocicleta. Mientras mi negocio prosperaba dedicaba el tiempo a la ensoñación encaramado a los árboles o a escribir poesías. Levantarme por la mañana tenía su arte ya que debía tener cuidado para no despertar a las víboras y serpientes cobra que dormían alrededor de mi cama. Del palomar pasé a fundar con un amigo ingeniero una empresa de construcción que en cinco años se convirtió en una de las más exitosas de Mysore. Cuando miro hacia atrás me doy cuenta de que nunca pensé en lo que deseaba ser en la vida sino, sencillamente, vivirla intensamente, así que, un buen día, fascinado por las montañas, escalé hasta Chamundi Hill. Estaba sentado sobre una roca contemplando el horizonte cuando, de repente, *no sabía quién era yo*; el aire que respiraba, la roca bajo mi cuerpo, la atmósfera que me rodeaba se *habían fundido en mí*. La sensación fue indescriptible. Lo que percibí que habían sido minutos, fueron en realidad horas, y se había hecho de noche. Me encontraba en un estado de éxtasis imposible de explicar, era como estar borracho todo el tiempo. Todo era vida alrededor, no había montañas, flores o nubes, sino energía pura, creación o uno mismo, daba igual, era la sensación de *regresar a casa,* de sentir la iluminación de la plena conciencia o haber traspasado el umbral entre lo temporal y lo trascendente. Pero esa no fue la única vez que llegué a ese estado. Una semana más tarde me volvió a suceder, pero entonces, ese estado intemporal, se prolongó durante trece días. Mis amigos creyeron que tomaba halucinógenos, y fui consciente de que la práctica de yoga me había transformado en un ser divino. Contemplaba la existencia como a través de un caleidoscopio, con una intensidad y sensibilidad inusitadas. Me resultaba fácil leer la mente de los demás y así me convertí en: Sadghuru *alguien que viene del interior*. En 1982 comencé a radiar una vitalidad entrañable, un humor contagioso, y a combinar la habilidad misteriosa de pasar de las emociones a los razonamientos, de lo simple o lo sofisticado. Cada individuo era para mí un cóctel de; cuerpo, mente, emociones y energía. Mis conocidos estaban asombrados con mi transformación. *Brahmacharya* era el sendero para los auténticos amantes de la libertad. Todos los hombres, de forma directa o indirecta, buscan el sendero de la alegría, y cuando no lo encuentran, se conforman con el placer, una sombra limitada que, cuando falta, surge el desengaño. Todos aspiramos a tener libertad, vivir sin limitaciones. El camino hacia la divinidad reside en nuestra propia naturaleza, en nuestro interior. La búsqueda de la alegría no se encuentra en cosas o personas sino en nosotros mismos, no es necesario practicar un ritual, realizar promesa o adoración alguna. Ser un seguidor de *brahmacharya* implica traspasar el propio yo individual, trascenderlo hasta que se convierta en un hábito natural. La espiritualidad exige una transformación drástica para los que desean pasar de una dimensión de la vida a otra más compleja; shiva es *rupa* o *forma*, shakti es *shoonya* o *nada* y también la fuerza indiferenciada de la naturaleza. Los opuestos persisten, nada puede existir en el universo sin opuestos. La búsqueda espiritual pretende no permitir que nada te ocurra de forma inconsciente sino vivir en un despertar continuo. Un maestro de yoga enseña que despiertes, que cuestiones todas tus conclusiones, y si eres consciente de tu divinidad, ¿te has convertido ya en un ser más alegre? ¿mejor? ¿qué vive con más intensidad? ¿has viajado a tu interior?. El interés y conocimiento por la existencia se convirtió en algo natural. Si uno aprende a contemplar, el momento es la eternidad, el aquí ahora se encuentra en todo. El conocimiento místico proviene de esa dimensión inaccesible para los sentidos. Piensa en una cámara que te ofreciera otro aspecto de percepción, o te llevara a intuir los pensamientos o la personalidad de los demás con actitud entrañable y compasiva, emocionarse al contemplar una flor o el rostro de un niño. El cometido del guru es transmitir dudas, cuestionar o demoler todas las creencias acumuladas en la pirámide de suposiciones sagradas. Creencia, razón, espiritualidad, ciencia, lo sagrado, lo material, todo está relacionado. La liberación no es una idea sino una necesidad básica de todo ser humano y de cualquier forma de vida. Existe una necesidad simultánea en el ser humano de contención y expansión, mientras que la naturaleza física tiende a protegerse, la espiritual tiende a extenderse. Tu destino es una creación propia y no se debe un deseo divino o a una cadena de karma. El sendero que conduce a la divinidad ha de despojarse de; escrituras, ideologías, opiniones, filosofías, prejuicios o creencias. El viaje necesita viajeros que busquen, no que crean, que sientan y experimenten la vida como un don divino. Nuestras vidas se convierten en maravillosas cuando ponemos el corazón en todo lo que hacemos, la paz no es el objetivo, al igual que el silencio sino parte consustancial de la vida. La alegría o la felicidad siempre han sido un *asunto interno* y la llave siempre está al alcance de tu mano, no en la de otros. Como ser humano procuro transmitir gozo y alegría: Y este es mi testamento:

> 'El gozo es un raro visitante en la vida de la mayoría de la gente. Mi intención es que mis pensamientos se conviertan en tus compañeros durante toda tu vida. El gozo no es un objetivo espiritual difícil de alcanzar, sino el entorno necesario para que cualquier aspecto de tu vida se desarrolle de forma mágica y maravillosa. Sin un sentimiento de gozo de fondo, incluso las actividades más agradables se vuelven molestas. Aunque trates de resolver los problemas que surgen a tu alrededor lo mejor que puedas, una vez que el gozo sea tu fiel compañero, *tú mismo* dejas de ser un problema en tu vida. Luego, la vida se convierte en una celebración y un descubrimiento sin fin.

Por primera vez en la historia de la humanidad tenemos los recursos, la capacidad y la tecnología necesarios para afrontar cada problema en el mundo: la nutrición, la salud, la educación, lo que sea. Disponemos de increíbles herramientas científicas y tecnológicas suficientente poderosas como para hacer prosperar o destruir el mundo varias veces. Sin embargo, si la capacidad de manejar unos instrumentos tan potentes no está acompañada de un profundo sentido de compasión, inclusión, equilibrio y madurez, podríamos estar al borde del desastre global. Nuestra búsqueda incesante de bienestar externo está a punto de aniquilar el planeta.

Ninguna otra generación ha conocido las comodidades y servicios de los que disfrutamos hoy en día y, sin embargo, no podemos decir que seamos la generación más feliz o amorosa de la historia. Un gran número de personas vive en un estado constante de ansiedad y depresión. Aunque algunos sufren por sus fracasos, otros muchos, irónicamente, padecen las consecuencias de su éxito; aunque algunos sufren por sus limitaciones, otros muchos lo hacen a causa de su libertad. Lo que falta es conciencia humana. Todo lo demás está en su sitio, pero no así el ser humano. Si los humanos dejaran de obstaculizar el camino hacia la felicidad, cualquier solución estaría a su alcance. No es posible transformar el mundo sin cambiar al individuo.

He dedicado mi vida a capacitar a las personas para que hagan caso de sus destinos y conducirlos hacia un estado de inclusión gozosa a fin de que, como generación, no dejemos escapar la posibilidad que somos. Tu alegría, tu tristeza, tu amor, tu tormento, tu dicha están en tus manos. Existe un camino, y *está dentro*. Solamente volviéndonos hacia dentro podremos crear un mundo de amor, luz, y risa. Estos pensamientos podrán ser una puerta de entrada a ese mundo. Hagamos que suceda'.

De pronto escuché las campanadas de la iglesia de San Millán, eran las once de la noche. Me había quedado profundamente dormido en el sofá. Tuve un sueño en el que escuchaba las enseñanzas de un místico en la India. Todos los autores que había consultado en la biblioteca parecían coincidir en la misma búsqueda: lo divino se encuentra en lo humano, y recordé con claridad la mirada atenta de mi abuelo que me miraba fijamente desde otra dimensión como si asintiera lo que yo estaba pensando. Apagué las luces, cogí el abrigo que había dejado en la percha del recibidor y salí a la calle que me recibió con una ráfaga de lluvia.

El olvido

'Todos estamos condenados al polvo y al olvido, y las personas a quienes yo he evocado en este libro o ya están muertas o están a punto de morir o como mucho morirán. Quiero decir, moriremos- al cabo de unos años que no pueden contarse en siglos sino en decenios: Ayer se fue, mañana no ha llegado, / hoy se está yendo sin parar un punto, / soy un fue, y un será, y un es cansado, decía Quevedo al referirse a la fugacidad de nuestra existencia, encaminada siempre ineluctablemente hacia ese momento en que dejaremos de ser. Sobrevivimos por unos frágiles años, todavía, después de muertos, en la memoria de otros, pero también esa memoria personal, con cada instante que pasa, está siempre más cerca de desaparecer- Los libros son un simulacro de recuerdo, una prótesis para recordar, un intento desesperado por hacer un poco más perdurable lo que es irremediablemente finito. Todas estas personas con las que está tejida la trama más entrañable de mi memoria, todas esas presencias que fueron mi infancia y mi juventud, o ya desaparecieron, y son solo fantasmas, o vamos camino de desaparecer, y somos proyectos de espectros que todavía se mueven por el mundo. En breve todas estas personas de carne y hueso, todos esos amigos y parientes a quienes tanto quiero, todos esos enemigos que devotamente me odian, no serán más reales que cualquier personaje de ficción, y tendrán su misma consistencia fantasmal de evocaciones y espectros, y eso en el mejor de los casos, pues de la mayoría de ellos no quedará sino un puñado de polvo y la inscripción de una lápida cuyas letras se irán borrando en el cementerio. Visto en perspectiva, como el tiempo del recuerdo vivido es tan corto, si juzgamos sabiamente, *ya somos el olvido que seremos*, como decía Borges. Para él este olvido y ese polvo elemental en el que nos convertiremos eran un consuelo bajo el indiferente azul del Cielo. Si el cielo, como parece, es indiferente a todas nuestras alegrías y a todas nuestras desgracias, si al universo le tiene sin cuidado que existan hombres o no, volver a integrarnos a la nada de la que vinimos es, sí, la peor desgracia, pero al mismo tiempo, también mayor alivio y el único descanso, pues ya no sufriremos con la tragedia, que es la conciencia dcl dolor y de la muerte de las personas que amamos. Aunque puedo creerlo, no quiero imaginar el momento doloroso en que también las personas que más quiero, -hijos, mujer, amigos, parientes- dejarán de existir, que será el momento, también, en que yo dejaré de vivir, como recuerdo vívido de alguien, definitivamente. Mi padre tampoco supo, ni quiso saber, cuándo moriría yo. Lo que sí sabía, y ese, quizá es otro de nuestros frágiles consuelos, es que yo lo iba a recordar siempre, y que lucharía por rescatarlo del olvido al menos por unos cuantos años más, que no sé cuánto duren, con el poder evocador de las palabras. Si las palabras transmiten en parte nuestras ideas, nuestros recuerdos y pensamientos, -y no hemos encontrado hasta ahora un vehículo mejor para hacerlo, tanto que todavía hay quienes confunden lenguaje y pensamiento, –si las palabras trazan un mapa extraordinario de nuestra mente, buena parte de mi memoria se ha trasladado a este libro, y como todos los hombres somos hermanos, en cierto sentido, porque lo que pensamos y decimos se parece, porque nuestra manera de sentir es casi idéntica, espero tener en ustedes, lectores, unos aliados, unos cómplices, capaces de resonar con las mismas cuerdasen esa caja oscura del alma, tan parecida en todos, que es la mente que comparte nuestra especie. *¡Recuerde el alma dormida!,* así empieza uno de los mayores poemas castellanos, que es la primera inspiración d este libro, porque es también un homenaje a la memoria y a la vida de de un padre ejemplar. Lo que yo buscaba era eso: que mis memorias más hondas despertaran. Y si mis recuerdos entran en armonía con algunos de ustedes, y si lo que yo he sentido (y dejaré de sentir) es comprensible e identificable con algo que ustedes también sienten o han sentido, entonces este olvido que seremos puede postergarse por un instante más, en el fugaz reverberar de sus neuronas, gracias a los ojos, pocos o muchos, que alguna vez se detengan en estas letras'.

Héctor Abad Faciolince.
'El olvido' en *El olvido que seremos*: 2011.

Sobre poesías

Lucas Fernández: *En esta montaña* (1474-1542)

En esta montaña
de gran hermosura
tomemos holgura.
Haremos cabaña
de rosas y flores,
y nuestros dolores
y nuestra tristura
tornarse ha en holgura.
Gran gozo y placer
aquí tomaremos,
y amor y querer
aquí nos ternemos,
y aquí viviremos
en grande frescura
en esta verdura.

Lucas Fernández (1474-1542) Autor dramático y compositor español. Estuvo al servicio de la catedral de Salamanca. Profesor de música en la universidad de dicha ciudad, escribió con un estilo dramático pastoril en el dialecto sayagués de sus pastores que son sus personajes habituales; el tema central de su poesía son escenas donde los pastores discuten con un caballero sobre el amor.

Francisco de Borja: ***Más quiero yo el invierno*** **(1441-1511)**

Más quiero yo el invierno
que campos sin flor;
pues cuando enriquecen,
los abrasa el sol.
Campos que estuvieron
cubiertos de flores,
y agora de trigos
son selvas y montes,
aunque a tantos soles
tan lucidos son,
más quiero yo el invierno
que campos sin flor.

Llamo con suspiros
al bien que pierdo,
y las galerillas
baten los remos.

¿Para qué quiero, madre,
flores y esperanzas,
si se pierden unas
y otras se engañan?

Madre, la mi madre,
¿para qué queréis
que fíe en un tiempo
mudable y sin fe,
y penas me den

flores y esperanzas,
si se pierden unas
y otras se engañan?

Airecillos del puerto
que sopláis tan fríos,
apostad que os abraso
con mis suspiros.
Aires de la sierra
que en la helada cama
os acuesta enero
y mayo os levanta,
cuando más airada
vuestra fuerza os miro,
apostad que os abraso
con mis suspiros.

Francisco de Borja (1510-1572), jesuita, Grande de España y virrey de Cataluña. En 1554 se convirtió en Comisario general de los jesuitas en España y, en 1565, -a la muerte del Padre Laínez- en Padre General de toda la orden. Francisco de Borja recibió encargos especiales del Papa, viajó por toda España y atendió negocios de la Compañía de Jesús, así como delicados encargos diplomáticos en las Cortes de España y Portugal. Bajo su administración la obra misionera de los jesuitas prosperó. La Compañía fundó nuevas misiones en; Florida, México (entonces Nueva España) y Perú. Se incrementó la penetración en Brasil. Murió en Roma.

Jorge Manrique: *Coplas por la muerte de su padre* (1440-1479)

I Recuerde el alma dormida,
avive el seso y despierte
contemplando
cómo se pasa la vida,
cómo se viene la muerte
tan callando;
cuán presto se va el placer;
cómo después de acordado
da dolor;
cómo a nuestro parecer
cualquiera tiempo pasado
fue mejor.

Recuerde: Recobre la conciencia al despertar. Que despierten las almas que viven soñando y no son conscientes de la realidad.

Cómo el recordar el placer (pasado) da dolor.

II Pues si vemos lo presente
cómo en un punto se es ido
y acabado,
si juzgamos sabiamente,
daremos lo no venido
por pasado.
No se engañe nadie, no,
pensando que ha de durar
lo que espera
más que duró lo que vio,
pues que todo ha de pasar
por tal manera.

Y puesto que vemos cómo lo presente es ido y acabado en un punto (en nada de tiempo), si juzgamos sabiamente, consideraremos a lo que ha de venir como si ya hubiera pasado.

III Nuestras vidas son los ríos
que van a dar en la mar,
que es el morir:
allí van los señoríos,
derechos a se acabar
y consumir;
allí los ríos caudales,
allí los otros medianos
y más chicos;

Los ríos caudalosos.

Al llegar al mar (a la muerte) son Iguales los que se ganan la vida con el trabajo de sus manos y los ricos.

y llegados, son iguales
los que viven por sus manos
y los ricos.

IV Dejo las invocaciones
de los famosos poetas
y oradores;
no curo de sus ficciones,
que traen yerbas secretas
sus sabores.
A Aquel sólo me enco-
miendo,
Aquel sólo invoco yo
de verdad,
que, en este mundo viviendo,
el mundo no conoció
su deidad.

No voy a acordarme aquí de los poetas y oradores paganos, no me preocupo de sus ficciones, pues el sabor de su arte procede de hierbas secretas. .

Sólo me encomiendo a Jesucristo, que mientras vivió en el mundo, el mundo no se dio cuenta de que era Dios.

V Este mundo es el camino
para el otro, que es morada
sin pesar;
mas cumple tener buen tino
para andar esta jornada
sin errar.
Partimos cuando nacemos,
andamos mientras vivimos,
y llegamos
al tiempo que fenecemos;
así que, cuando morimos,
descansamos.

VI Este mundo bueno fue
si bien usásemos dél,
como debemos,
porque, según nuestra fe,
es para ganar aquel
que atendemos.

Este mundo fue[ra] bueno si lo usásemos bien, como debemos, es decir, si lo usáramos para probar nuestra virtud y ganarnos así el

Y aun aquel Hijo de Dios,
para subirnos al cielo,
descendió
a nacer acá entre nos
y a vivir en este suelo
do murió.

cielo, para ganar el mundo que esperamos.

VII Ved de cuán poco valor
son las cosas tras que andamos
y corremos,
que en este mundo traidor
aun primero que muramos
las perdemos.
De ellas deshace la edad,
de ellas casos desastrados
que acaecen,
de ellas, por su calidad,
en los más altos estados
desfallecen.

El tiempo y los desastres las desacen, y desfallecen cuando se encuentran en los más altos estados de calidad.

VIII Decidme: la hermosura,
la gentil frescura y tez
de la cara,
la color y la blancura,
cuando viene la vejez
¿cuál se para?
Las mañas y ligereza
y la fuerza corporal
de juventud,
todo se torna graveza
cuando llega al arrabal
de senectud.

Pararse es volverse, convertirse. ¿cuál se para? Es: ¿cómo acaba siendo?

IX Pues la sangre de los godos,
el linaje y la nobleza
tan crecida,
¡por cuántas vías y modos
se sume su gran alteza

Se sume: se hunde.

Unos de aquellos por los que corre la noble sangre

en esta vida!
Unos, por poco valer,
¡por cuán bajos y abatidos
que los tienen!
Otros que, por no tener,
con oficios no debidos
se mantienen.

goda, debido a su debilidad, son considerados bajos y abatidos (caídos en desgracia). Otros, por su pobreza, han de mantenerse con oficios impropios de su nobleza.

X Los estados y riqueza,
que nos dejen a deshora
¿quién lo duda?
No les pidamos firmeza,
pues que son de una señora
que se muda,
que bienes son de Fortuna,
que revuelven con su rueda
presurosa,
la cual no puede ser una,
ni ser estable ni queda
en una cosa.

¿Quién duda que los estados y la riqueza nos dejan a deshora?
Los estados y la riqueza son bienes de la Fortuna, deidad inconstante que hace girar su rueda, haciendo que suban los que están bajo y bajen los que están arriba. La Fortuna no puede ser una misma (constante) en una misma cosa.

XI Pero digo que, acompañen
y lleguen hasta la huesa
con su dueño,
por eso no nos engañen,
pues se va la vida apriesa,
como sueño,
y los deleites de acá
son, en que nos deleitamos,
temporales,
y los tormentos de allá,
que por ellos esperamos,
eternales.

Pero digo que [aunque] los bienes de Fortuna lleguen hasta la tumba con su dueño, por eso no han de engañarnos, pues, aun así, lo cierto es que la vida se va deprisa, como un sueño, y los deleites de acá en los que nos deleitamos, son temporales, mientras que los tormentos que nos esperan en el infierno (si nos complacemos en los bienes de Fortuna en detrimento de los bienes espirituales) son eternos.

XII Los placeres y dulzores
de esta vida trabajada
que tenemos,
no son sino corredores,
y la muerte, la celada
en que caemos:
No mirando a nuestro daño,
corremos a rienda suelta
sin parar;
des que vemos el engaño
y queremos dar la vuelta,
no hay lugar.

Trabajada: trabajosa.

Corredores: exploradores, centinelas, que no descubren la emboscada: corremos precipitadamente y cuando vemos el engaño ya no hay espacio para dar la vuelta.

XIII Si fuese en nuestro poder
tornar la cara hermosa
corporal,
como podemos hacer
el alma tan gloriosa
angelical,
¡qué diligencia tan viva
tuviéramos cada hora,
y tan presta
en componer la cautiva,
dejándonos la señora
descompuesta!

Si pudiéramos embellecer nuestra cara como podemos, si queremos, hacer gloriosa el alma, nos pasaríamos el tiempo adornando la cautiva (la cara) dejando a la señora (el alma) sin arreglar.

XIV Estos reyes poderosos
que vemos por escrituras
ya pasadas,
con casos tristes, llorosos,
fueron sus buenas venturas
trastornadas.
Así que no hay cosa fuerte,
que a Papas y Emperadores
y Prelados,
así los trata la Muerte
como a los pobres pastores
de ganados.

Las buenas venturas de estos reyes poderosos fueron trastornadas con casos tristes.

XV Dejemos a los troyanos,
que sus males no los vimos,
ni sus glorias;
dejemos a los romanos,
aunque oímos y leímos
sus historias;
no curemos de saber
lo de aquel siglo pasado,
qué fue de ello;
vengamos a lo de ayer,
que también es olvidado
como aquello.

XVI ¿Qué se hizo el rey don Juan? Juan II de Castilla
Los infantes de Aragón
¿qué se hicieron?
¿Qué fue de tanto galán,
qué fue de tanta invención
como trujeron?
Las justas y los torneos,
paramentos, bordaduras,
y cimeras,
¿fueron sino devaneos?
¿Qué fueron sino verduras
de las eras?

XVII ¿Qué se hicieron las damas,
sus tocados, sus vestidos,
sus olores?
¿Qué se hicieron las llamas
de los fuegos encendidos
de amadores?
¿Qué se hizo aquel trovar,
las músicas acordadas
que tañían?
¿Qué se hizo aquel danzar,
aquellas ropas chapadas Ropas chapadas: adornadas.
que traían?

XVIII Pues el otro, su heredero,
don Enrique, ¡qué poderes
alcanzaba!
¡Cuán blando, cuán halaguero
el mundo con sus placeres
se le daba!
Mas verás cuán enemigo,
cuán contrario, cuán cruel
se le mostró,
habiéndole sido amigo,
¡cuán poco duró con él
lo que le dio!

Enrique IV de Castilla.

Halaguero: halagüeño

Jorge Manrique (1440- 1479) Poeta del Prerrenacimiento y hombre de armas castellano fue miembro de la Casa de Manrique de Lara, una de las familias más antiguas de la nobleza castellana. Autor de las Coplas a la muerte de su padre, uno de los poemas clásicos de la Literatura española. En esta poesía, el idioma castellano sale de la Corte y los monasterios para encontrarse con el autor individual quien, frente a un hecho trascendental de su vida, resume en un poema todo el sentir de su corta existencia y salva para la posteridad, no solo a su padre, Rodrigo Manrique, -mostrándolo como un modelo de heroísmo- de virtudes y serenidad ante la muerte, sino también a sí mismo como poeta. Estudió Humanidades y las tareas propias de militar castellano. Combatió a los musulmanes, participó en el levantamiento de los nobles contra Enrique IV de Castilla. Las Coplas fueron escritas entre los años 1480 y 1490, en Zamora o Zaragoza. En ellas se trata el tema de la muerte desde lo general y abstracto hasta lo más concreto y humano: la muerte del padre del autor. Normalmente se habla de una división en tres partes; La primera parte consiste en una introducción en tono moralizante sobre el escaso valor de la vida terrenal, la muerte y su omnipotencia. En la segunda se menciona la muerte de personajes ilustres de un pasado reciente y cercano.

La tercera y última parte está dedicada a ensalzar la figura del padre, Rodrigo Manrique, comparándola con la de grandes personajes de la época romana para destacar así sus virtudes, culminando la Copla con un diálogo entre él y la Muerte. El poeta esboza la existencia de tres vidas: la humana y mortal, la de la fama, que es más larga, y la eterna, que no tiene fin. El propio poeta se salva y salva a su padre mediante la vida de la fama que le otorgan no sólo sus virtudes como caballero y guerrero cristiano, sino mediante el testimonio poético.

Federico García Lorca: *Romance sonámbulos* (1898-1936)

Verde que te quiero verde.
Verde viento. Verdes ramas.
El barco sobre la mar
y el caballo en la montaña.
Con la sombra en la cintura
ella sueña en su baranda
verde carne, pelo verde,
con ojos de fría plata.
Verde que te quiero verde.
Bajo la luna gitana,
las cosas la están mirando
y ella no puede mirarlas.
Verde que te quiero verde.
Grandes estrellas de escarcha,
vienen con el pez de sombra
que abre el camino del alba.
La higuera frota su viento
con la lija de sus ramas,
y el monte, gato garduño,
eriza sus pitas agrias.
¿Pero quién vendrá? ¿Y por dónde...?
Ella sigue en su baranda,
verde carne, pelo verde,
soñando en la mar amarga.
Verde que te quiero verde.
Verde viento. Verdes ramas.
El barco sobre la mar
y el caballo en la montaña.

Federico García Lorca (1898-1936) ha sido el poeta de mayor influencia y popularidad de la Literatura española del siglo xx, y como dramaturgo, se le considera una de las cimas del teatro español del siglo xx. Fue asesinado por el bando sublevado un mes después del golpe de estado. En su adolescencia en Granada, se interesó más por la música que por la literatura, estudió piano y sus amigos lo conocían más como músico que como escritor. En 1914 se matriculó en la Universidad de Granada para estudiar las carreras de Filosofía y Letras y Derecho. Durante esta época, el joven Lorca se reunía con otros jóvenes intelectuales en la tertulia: El Rinconcillo del café Alameda. En la primavera de 1919 Lorca se trasladó a Madrid para seguir sus estudios en la Residencia de Estudiantes que era en aquella época un hervidero intelectual y acogía a figuras de la talla de: Albert Einstein, John Maynard Keynes y Marie Curie, maestros que influyeron enormemente en su formación intelectual. De esta forma, entre 1919 y 1926, se relacionó con muchos de los escritores e intelectuales más importantes de España como; Luis Buñuel, Rafael Alberti o Salvador Dalí y así consiguió huir del tedio cultural provinciano. En mayo de 1921, Lorca volvió a Granada y tuvo la oportunidad de conocer al maestro Manuel de Falla que se había instalado en la ciudad. Su amistad les llevó a emprender varios proyectos en torno a la música, el cante jondo, los títeres, y otras actividades artísticas. Ese mismo año, Lorca escribió el Poema del cante jondo que se publicó en 1931, perteneció a la llamada Generación del 27 a la que pertenecieron escritores como; Jorge Guillén, Pedro Salinas, Rafael Alberti, Dámaso, Alonso, Gerardo Diego, Luis Cernuda, Vicente Aleixandre, Manuel Altolaguirre y Emilio Prados. Grupo de escritores caracterizado por fundir las formas de la poesía tradicional (neopopularismo) con los movimientos de vanguardia; por tratar los mismos temas de una manera similar (la muerte en sentido trágico; el amor como fuerza que da sentido a la vida o preocupaciones sociales como la injusticia o la miseria).

En la primavera de 1929 viajó a Nueva York y describió su estancia como, 'una de las experiencias más útiles de mi vida'. La ciudad le pareció un lugar de alambre y muerte, sorprendido por la economía capitalista y el trato a los negros. Según él, Estados Unidos era una civilización sin raíces y la gran ciudad que denominó como; geometría y angustia. En abril de 1931 Lorca codirigió La Barraca, un grupo de teatro universitario que representó obras teatrales del Siglo de Oro (Calderón de la Barca, Lope de Vega, Miguel de Cervantes) por ciudades y pueblos de España. Un grupo teatral financiado por el Ministerio de Educación que dirigía el socialista Fernando de los Ríos. En 1933 el poeta recibió una invitación para viajar a Buenos Aires donde consiguió triunfar. A lo largo de los seis meses que permaneció en la capital, tuvo la oportunidad de dirigir; Bodas de sangre, que fue representada más de ciento cincuenta veces; Mariana Pineda, La zapatera prodigiosa, El retablillo de don Cristóbal y una adaptación de La dama boba de Lope de Vega. Cuando García Lorca volvió a España en 1934, mantuvo un elevado ritmo creativo, terminó obras como Yerma, Doña Rosita la soltera, La casa de Bernarda Alba y Llanto por Ignacio Sánchez Mejías; revisó obras como; Poeta en Nueva York, Diván del Tamarit y Suites e hizo un viaje a Barcelona para dirigir algunas de sus obras, recitar poemas y dar conferencias. El 14 de julio de 1936 regresó a Huerta de San Vicente, casa de verano de García Lorca en Granada, a donde partió pocos días antes del estallido de la guerra civil. Lorca nunca se afilió a ningún grupo y jamás discriminó o se distanció de ninguno de sus amigos por razones políticas. En Granada buscó refugio en casa de la familia de su amigo falangista el poeta Luis Rosales sin que pudiera protegerle y parece definitivamente establecido que fue fusilado en la madrugada del 18 de agosto en el camino que va de Víznar a Alfacar. Su cuerpo permanece enterrado en una fosa común.

LA BARRACA
TEATRO
UNIVERSITARIO

Antonio Machado: *Soledades* (1875-1939)

Me dijo una tarde,
de la primavera:
Si buscas caminos
en flor en la tierra,
mata tus palabras
y oye tu alma vieja.

Ama tu alegría
Y ama tu tristeza.
si buscas caminos
en flor en la tierra.
Respondí a la tarde
de la primavera:
Tú has dicho el secreto
que en mi alma reza:

Mas antes que pise
tu florida senda,
quisiera traerte
muerta mi alma vieja.

He andado muchos caminos,
he abierto muchas veredas;
he navegado en cien mares,
y atracado en cien riberas.
Y en todas partes he visto
gentes que danzan y juegan,
cuando pueden, y laboran
sus cuatro palmos de tierra.
Nunca, si llegan a un sitio,
Preguntan adónde llegan.
Cuando caminan, cabalgaba
a lomos de mula vieja,
y no reconocen la prisa
ni aún en los días de fiesta.
Donde hay vino, beben vino;

donde no hay vino, agua fresca.
Son buenas gentes que viven,
laboran, pasan y sueñan,
y en un día como tantos,
descansan bajo la tierra.
Yo voy soñando caminos
de la tarde. ¡Las colinas
doradas, los verdes pinos,
las polvorientas encinas!...
¿Adónde el camino irá?
Yo voy cantando, viajero,
a lo largo del sendero...
La tarde cayendo está-
la espina de una pasión
logré arrancármela un día:
ya no siento el corazón
Y todo el campo un momento
se queda, mudo y sombrío,
meditando. Suena el viento
en los álamos del río.
La tarde más se oscurece;
y el camino que serpea
y débilmente blanquea,
se enturbia y desaparece.
Mi cantar vuelve a plañir:
Aguda espina dorada,
quien te pudiera sentir
en el corazón clavada.

El crimen fue en Granada

Se le vio, caminando entre fusiles,
por una calle larga,
salir al campo frío,
aún con estrellas de la madrugada.
Mataron a Federico
cuando la luz asomaba.
El pelotón de verdugos
no osó mirarle la cara.

Todos cerraron los ojos;
rezaron: ¡ni Dios te salva!
Muerto cayó Federico
sangre en la frente y plomo en las entrañas
Que fue en Granada el crimen
sabed ¡pobre Granada!, en su Granada.

Se le vio caminar solo con Ella,
sin miedo a su guadaña.
Ya el sol en torre y torre, los martillos
en yunque, yunque y yunque de las fraguas.
Hablaba Federico,
requebrando a la muerte. Ella escuchaba.
'Porque ayer en mi verso, compañera,
sonaba el golpe de tus secas palmas,
y diste el hielo a mi cantar, y el filo
a mi tragedia de tu hoz de plata,
te cantaré la carne que no tienes,
los ojos que te faltan,
tus cabellos que el viento sacudía,
los rojos labios donde te besaban.
Hoy como ayer, gitana, muerte mía,
qué bien contigo a solas,
por estos aires de Granada, ¡mi Granada
Se le vio caminar,
Labrad, amigos,
de piedra y sueño en el Alhambra,
un túmulo al poeta,
sobre una fuente donde llore el agua,
y eternamente diga:
el crimen fue en Granada, ¡en su Granada!

Antonio Machado Ruiz. (1875-1939) Ha sido uno de los poetas más insignes de la Generación del 98. Su poesía evolucionó hacia un intimismo simbolista con rasgos románticos de una parte, y de contemplación de la existencia por otra. Murió en el exilio en 1939. Pasó su infancia en Sevilla hasta los ocho años. En 1883 la familia se mudó a Madrid. Se educó en la Institución Libre de Enseñanza, pero de su estancia no conservó más huella que una gran aversión a todo lo académico. En octubre de 1896 Antonio Machado entró a formar parte como actor meritorio en la compañía de María Guerrero. En junio de 1899 viajó a París donde vivía su hermano Manuel. En la capital francesa trabajaron para la Editorial Garnier, se relacionaron con Pío Baroja, descubrieron a Paul Verlaine y a Oscar Wilde. A finales de ese año, ya de vuelta a Madrid, entregó a la imprenta: Soledades (1899-1902), su primer libro. El poeta ocupó una plaza de profesor en el instituto de Soria donde orientó su obra hacia lo esencial castellano y allí conoció al amor de su vida: Leonor, una chica de trece años con quien se casó en 1909 cuando cumplió quince. El poeta había cumplido treinta y cuatro años cuando Leonor murió de tuberculosis. Machado, abatido, solicitó su traslado a Baeza donde durante los próximos siete años se dedicó a la enseñanza como profesor de gramática francesa en un instituto. 'Escapar de ese poblachón manchego no fue fácil' y para conseguirlo, Machado se vio obligado a estudiar por libre, entre 1915 y 1918, la carrera de Filosofía y Letras. Con ese nuevo título en su menguado currículo, solicitó una cátedra de francés en el Instituto de Segovia. En 1927 Machado fue nombrado académico de la RAE. En octubre de 1931 la República le concedió por fin, una cátedra de francés en Madrid, donde, a partir de 1932, pudo vivir de nuevo en compañía de su familia (su madre, su hermano José, mujer e hijas). Casi desde los primeros días de la guerra, Madrid se convirtió en un campo abonado para las privaciones y la muerte. La Alianza de Intelectuales decidió evacuar a zonas más seguras a una serie de escritores y artistas, Machado entre ellos (por su edad avanzada y por su significación) de ese modo abandonó Madrid con destino Francia acompañado de sus hermanos Joaquín, José y su madre. Tras una breve estancia en Valencia se trasladaron a Barcelona donde permanecieron desde finales de mayo de 1938 hasta los primeros días del año siguiente. En febrero de 1939 inicio a pie su exilio hasta la aduana francesa donde se les permitió pasar la noche en un vagón estacionado en vía muerta. A la mañana siguiente, se trasladaron en tren hasta Colliure (Francia), donde el grupo encontró albergue en la tarde del día 28 de enero, en el Hotel Bougnol-Quintana. Machado murió con el corazón roto de pena el 22 de febrero en ese hotel.

Miguel Hernández: *Vientos del pueblo* (1910-1942)

Vientos del pueblo me llevan,
vientos del pueblo me arrastran,
me esparcen el corazón
y me aventan la garganta.

Los bueyes doblan la frente,
impotentemente mansa,
delante de los castigos:
los leones la levantan
y al mismo tiempo castigan
con su clamorosa zarpa.

No soy un de pueblo de bueyes,
que soy de un pueblo que embargan
yacimientos de leones,
desfiladeros de águilas
y cordilleras de toros
con el orgullo en el asta.
Nunca medraron los bueyes
en los páramos de España.

¿Quién habló de echar un yugo
sobre el cuello de esta raza?
¿Quién ha puesto al huracán
jamás ni yugos ni trabas,
ni quién al rayo detuvo
prisionero en una jaula?

Asturianos de braveza,
vascos de piedra blindada,
valencianos de alegría
y castellanos de alma,
labrados como la tierra
y airosos como las alas;
andaluces de relámpagos,
nacidos entre guitarras
y forjados en los yunques
torrenciales de las lágrimas;
extremeños de centeno,
gallegos de lluvia y calma,
catalanes de firmeza,
aragoneses de casta,
murcianos de dinamita
frutalmente propagada,
leoneses, navarros, dueños
del hambre, el sudor y el hacha,
reyes de la minería,
señores de la labranza,
hombres que entre las raíces,
como raíces gallardas,
vais de la vida a la muerte,
vais de la nada a la nada:
yugos os quieren poner
gentes de la hierba mala,
yugos que habéis de dejar
rotos sobre sus espaldas.

Crepúsculo de los bueyes
está despuntando el alba.

Los bueyes mueren vestidos
de humildad y olor de cuadra;
las águilas, los leones
y los toros de arrogancia,
y detrás de ellos, el cielo
ni se enturbia ni se acaba.
La agonía de los bueyes
tiene pequeña la cara,
la del animal varón
toda la creación agranda.

Si me muero, que me muera
con la cabeza muy alta.
Muerto y veinte veces muerto,
la boca contra la grama,
tendré apretados los dientes
y decidida la barba.

Cantando espero a la muerte,
que hay ruiseñores que cantan
encima de los fusiles
en medio de las batallas.

Miguel Hernández Gilabert. (1910-1942) Poeta nacido en Orihuela (Alicante). Su familia se dedicaba a la cría de ganado caprino. Miguel fue pastor de cabras desde muy temprana edad. Estudió el bachillerato en el colegio de Santo Domingo de Orihuela, regentado por los jesuitas, y en 1925, abandonó los estudios por orden paterna para dedicarse en exclusiva al pastoreo. Mientras cuidaba el rebaño, el poeta leía con avidez y escribía sus primeros poemas. Se mudó a Madrid para obtener trabajo y logró ser nombrado colaborador en las Misiones pedagógicas donde hizo amistad con Pablo Neruda; este fue el origen de su breve etapa dentro del surrealismo. Su poesía por entonces se hizo más social y manifestó un compromiso hacia los más pobres y desheredados. Al estallar la Guerra Civil se alistó en el bando republicano y como afiliado al Partido Comunista de España, -desde comienzos de 1937- fue nombrado comisario político. Enlistado en el 5.º Regimiento pasó a otras unidades en los frentes de; Teruel, Andalucía y Extremadura. Su actividad como comisario político en el Ejército republicano le valió la pena de muerte que fue luego conmutada por cadena perpetua. En junio de 1941, fue trasladado al Reformatorio de adultos de Alicante donde enfermó, primero de bronquitis, luego de tifus, enfermedades que se complicaron con tuberculosis. El poeta falleció en la prisión alicantina el 28 de marzo de 1942 con tan solo treinta y un años de edad.

León Felipe: *Ser en la vida romero* (1884-1968)

Ser en la vida romero,
romero sólo que cruza siempre por caminos nuevos.
Ser en la vida romero,
sin más oficio, sin otro nombre y sin pueblo.
Ser en la vida romero, romero..., sólo romero.
Que no hagan callo las cosas ni en el alma ni en el cuerpo,
pasar por todo una vez, una vez sólo y ligero,
ligero, siempre ligero.
Que no se acostumbre el pie a pisar el mismo suelo,
ni el tablado de la farsa, ni la losa de los templos
para que nunca recemos
como el sacristán los rezos,
ni como el cómico viejo
digamos los versos.
La mano ociosa es quien tiene más fino el tacto en los dedos,
decía el príncipe Hamlet, viendo
cómo cavaba una fosa y cantaba al mismo tiempo
un sepulturero.
No sabiendo los oficios los haremos con respeto.
Para enterrar a los muertos
como debemos
cualquiera sirve, cualquiera... menos un sepulturero.
Un día todos sabemos

hacer justicia. Tan bien como el rey hebreo
la hizo Sancho el escudero
y el villano Pedro Crespo.
Que no hagan callo las cosas ni en el alma ni en el cuerpo.
Pasar por todo una vez, una vez sólo y ligero,
ligero, siempre ligero.
Sensibles a todo viento
y bajo todos los cielos,
poetas, nunca cantemos
la vida de un mismo pueblo
ni la flor de un solo huerto.

León Felipe (1884-1968). Nació en una familia acomodada. Pasó años de su infancia en Sequeros (Salamanca) y Santander, destinos de su padre. Tras licenciarse como farmacéutico inició una vida llena de peripecias, empezando por la regencia de varias farmacias en pueblos de España y recorriendo a la vez el país como cómico de una compañía de teatro. Permaneció tres años en el penal de El Dueso, (Santoña, Santander), convicto de desfalco. Al salir de prisión en 1917 regentó una farmacia en un pueblo vizcaíno donde compuso entre otros un poema titulado, Valmaseda ('Es un gris y adusto pueblo vizcaíno / donde eternamente cae el agua a manta. / un pueblo que firmes sus muros levanta / sobre el opulento río cristalino'). Su vida bohemia le sumió en una situación económica ruinosa. Después de tres años de estancia en Guinea Española trabajando como administrador de hospitales, viajó a México en 1922 con una carta de Alfonso Reyes que le abriría las puertas del ambiente intelectual mexicano.Trabajó como bibliotecario en Veracruz y como profesor de Literatura española en la Universidad Cornell (EE.UU).Volvió a España poco antes de iniciarse la Guerra civil hasta 1938, año en que se exilió definitivamente a México donde pasó a ser Agregado cultural de la Embajada de la República española en el exilio, única reconocida entonces por el Gobierno de Cárdenas. Fue uno de los invitados a formar parte de La Casa de España en México, en la que publicó su libro Español del éxodo y del llanto: doctrina, elegías y canciones (1939).

Blas de Otero: ***Que trata de España*** **(1916-1979)**

Madrid, divinamente
suenas, alegres días
de la confusa adolescencia,
frío cielo lindando con las cimas
del Guadarrama,
mañanas escolares, rauda huida
al Retiro, risas
de jarroncito de porcelana,
tarde de toros en la roja plaza vieja,
pues me iría y a ver la verbena
en San Antonio o San Isidro,
ruido de Navidad en las aceras
cerca de la Plaza Mayor,
rotos recuerdos
de mil novecientos veintisiete,
pueblo derramado aquel 14
de abril, alegre
puro, heroico Madrid, cuna y sepulcro
de mi revuelta adolescencia

Patria, con quien limitas
sino con África, aquella
de entonces, con montañas
y mares encrespados,
el mundo dónde,
la firme fortaleza
de la paz, la justicia
joven,

España de uñas grandes,
prestas para el asalto,
pobre pueblo sin tierra,
límite de mis días
primeros y finales.

España,
palabra bárbara, raída
como roca por el agua,
sílabas
con sonido de tabla seca,
playa de mi memoria, mina
roja del alma,
cuándo abrirás la ventana
a la brisa del alba.

¿Cuándo será que España
se ponga en pie, camine
hacia los horizontes
abiertos, aterrice
de su cielo teológico
y pise tierra firme
y labore y prosiga
su labor y edifique
una casa con amplias
ventanas y, en la linde
del tejado,
brille un ramo de oliva
que la brisa, alta, brice?

Descamisadamente ibérico

Pasan días. España
parece dormida,
pero un pulso, una rabia
tercamente palpita,
puja debajo de
los trigos de Castilla,
golpea por los puentes
del Duero, descamisa
el pecho, lucha, canta,
entra en las herrerías,
en los viejos talleres
armados de pericia,
asciende por los álamos
esbeltos,
ladea la cabeza
junto a unos cerros, trepa
el vasto Guadarrama,
oscila cima a cima,
se derrama en el cielo
azul, clava la vista
en el mar y amenaza
con olas descautivas

España

A veces pienso que sí, que es imposible
evitarlo. Y estoy a punto de morir
o llorar. Desgraciado de aquel que tiene patria,
y esa patria le obsede como a mí.
Pregunto, me pregunto: ¿Qué es España?
¿una noche emergiendo entre la sangre?
¿una vieja, horrorosa plaza de toros?
de multitud sedienta, hambrienta y sin
salida?
Fui yo de otro sitio. De otro sitio
cualquiera.
A veces pienso así, y golpeo mi frente
y rechazo la noche de un manotazo:
España,
Aventura truncada, orgullo hecho
pedazos,
lugar de lucha y días hermosos que se
acercan
colmados de claveles colorados, España.

Blas de Otero Muñoz (1916-1979) fue uno de los principales representantes de la poesía social de los años cincuenta en España. Su familia quedó en la ruina y el padre decidió que se mudaran a Madrid para intentar rehacer la fortuna familiar. En la capital, obtuvo el título de bachiller en el Instituto Cardenal Cisneros. Sin embargo, en 1932, falleció su padre y la familia regresó a Bilbao donde publicó sus primeros poemas y ganó un premio de poesía en el centenario de Lope de Vega. Su obra está influenciada por los místicos españoles y la literatura cristiana. En 1935 se licenció en Derecho en Zaragoza. Al producirse el golpe de Estado en julio de 1936, se incorporó a los batallones vascos republicanos como sanitario. Después de la toma de Bilbao, el 18 de junio de 1937, pasó un tiempo en un campo de depuración. Por sus antecedentes familiares fue reenganchado por el ejército franquista y enviado al frente de Levante. Concluida la Guerra civil española, entró a trabajar como abogado en una empresa metalúrgica vizcaína y también hizo crítica musical y de arte para el periódico, *Hierro*. Poco después comenzó a publicar en *Cuadernos de Alea*, donde apareció *Cántico*. En 1945 sufrió una crisis depresiva que lo llevó a recluirse en el sanatorio de Usúrbil. Fruto de su estancia serán las tres obras de su ciclo existencial: *Ángel fieramentehumano* (que presentó al premio Adonáis), *Ancia* y *Redoble de conciencia*, libro con el que ganó el premio Boscán en 1950. Ese año conoció en París a la actriz y poetisa vasca Tachia Quintanar, con quien mantuvo una relación amorosa y conservó su amistad durante el resto de su vida. En 1955 empezó a ser considerado como uno de los grandes poetas de la posguerra.En 1960 viajó a la URSS y China invitado por la Sociedad Internacional de Escritores. Por esa época publicó; *Que trata de España* (París, 1964). La vivencia de perfección en su poesía nació de una experiencia religiosa. En Otero, el existencialismo aparece más tarde como respuesta a la crisis espiritual de 1945 cuando llegó al estado definitivo de su poética: la poesía social. El tema del amor en Blas de Otero está presente a lo largo de toda su obra con distintas manifestaciones: hacia Dios, hacia la mujer, hacia el prójimo. Su poesía es a veces espiritual, otras carnal o humana, pero ante todo amorosa, y también expresa la solidaridad humana y la búsqueda de un mundo mejor.

LPO

Jóhannes úr *Kötlum 100 hvæði / Cien poemas* (1949)

Poema del camino y la montaña

Nos echamos a andar.
Era un camino viejo
muy fácil de seguir.
Pensamos audazmente:
'No le tenemos miedo,
es camino trillado'.
Y seguimos andando.
Ninguno de nosotros
cayó en el desaliento.

Y al fin nos detuvimos:
La noche y el desierto
A nuestro alrededor.
Pero ningún camino.

Jóhannes úr Kötlum (1899-1972) Poeta, escritor y miembro del Parlamento islandés. Sus poemas han servido de inspiración a; compositores, cantantes y músicos en Islandia. Voz crítica hacia los partidos políticos, despertó siempre la animadversión de sus rivales. Jóhannes comenzó su carrera como poeta neo-romántico en 1920 aunque más tarde adoptó posturas más radicales siendo defensor a ultranza de la paz a lo largo de toda su vida y se opuso con firmeza a la ocupación de la isla durante la II Guerra mundial. Nacido en una granja en el noroeste de Islandia consiguió educarse como maestro de enseñanza primaria y ejerció durante una década. En 1940 se estableció en el sur de Islandia donde comenzó su carrera como editor y autor sobre todo de poesía y folklore de Navidad para niños. Ha recibido diversos premios por sus poesías en 1932 / 1944 y ha sido nominado en dos ocasiones para el Premio Nórdico de Literatura.

Gyrdir Elíasson. ***Forma de invierno en un viaje de verano*** **(1991)**

Muy lejos

Allí duermo
envuelto en un sueño
de estanques y montañas
y manzanas en cestas
y niños comiendo manzanas
al sol en las islas
gris azuladas que surgen de la mar
lejos de la costa (distante tres horas de
navegación).

Pero los ojos están abiertos
yo miro y estoy
completamente inmóvil y el valle
respira en la niebla
fuera de la ventana
esta noche de verano

Gyrðir Elíasson (1961-) Su poesía es simple y sutil, sus primeros poemarios tratan de la vida urbana en Reikiavik pero la más reciente se centra en la Naturaleza y la vida rural. Su última novela, Sandárbókin (El libro del río de arena) tiene lugar en la Islandia rural. Gyrðir ha sido premiado varias veces por su obra, últimamente por Gula húsið (La casa amarilla), un libro de relatos, que recibió el Premio Nacional de Literatura de Islandia. Ha sido nominado al premio Frank O'Connor por sus relatos que han sido traducidos al inglés. En 2011 recibió el Premio de Literatura del Consejo Nórdico por su libro Milli trjánna (Entre árboles).

Stein Steinarr: Un poema islandés sobre *Don Quijote* (1937)

Un día Don Quijote
montará su caballo
y dirá a Sancho Panza:
Ese hombre acaudalado
que asesina y abrasa,

hollando con sus botas
la tierra de los pobres,
debe caer,
pues él es mi enemigo.

Fue él quien nos sedujo
por desiertos sin sendas
y nuestra guerra santa
convirtió en burla trágica
y a Dulcinea la bella
sometió a servidumbre.

¡Fue él! ¡Fue él!
Y no le conocimos.

Stein Steinarr (1908-1958) es probablemente el poeta islandés más original de este siglo. Fue uno de los iniciadores del Modernismo en Islandia, conocedor de la obra de los suecos; Lindegren y Martison, de los finlandeses; Diktonius y Södergran, de los noruegos; Bull y Nygard, conocedor también del surrealismo francés, particularmente de Eluard, y de la obra de García Lorca. Nacido en un medio rural, se trasladó a Reikiavik donde llevó una vida de privaciones que no le permitieron seguir estudios. Su defecto físico, -tenía un brazo inútil a causa de la polio, una concomitancia con Cervantes- no le permitió realizar trabajos manuales. En 1943 escribió una famosa sátira sobre Hitler y el Nazismo (Tindátarnir / Soldados de hojalata) tratando como tema la lucha del hombre solitario contra la tiranía y la corrupción Más tarde, cuando le llegó el merecido reconocimiento de sus paisanos, recordaría su destino, en dos líneas que se hicieron famosas: 'malvestido y hambriento escribí para el pueblo, pero al pueblo y a mí nos cubrieron de insultos'.

Mario Benedetti: *Yesterday y mañana* (1920-2009)

Lejos del mar

Cuando despierto y estoy lejos
del mar que no me necesita
algo me falta en el futuro
y en la ventana y en el rostro
yo sé que el mar es tan eterno
como la muerte
el mar de olvido es como un tálamo
un prado inmóvil o batiente
un cielobajo de olas nubes
un borrador del infinito
yo sé que el mar es tan avaro
como el silencio
cuando me duermo y estoy lejos
de las gaviotas de salmuera
sueño que el mar me abraza turbio
y en sus entrañas me abandona
yo sé que el mar es la respuesta
a nadie, a nada

Historia

El tiempo pasa sin prisa
en la noche o en el alba
y se le ve transcurrir
como si fuera un fantasma
a veces es como un río

que va cantando su lágrima
y cuando nadie lo mira
asume la madrugada
empezó en el infinito
cuando los hombres no estaban
y en el aire andaban sueltas
las congojas como espadas
Más tarde la humanidad
asomó en el horizonte
y organizó vida y muerte
con todos sus pormenores
cada profano aportó
razones y sinrazones
y la memoria del mundo
se fue llenando de nombres
después algún distraído
señor de birlibirloque
inauguró la vergüenza
y negoció los perdones
Hoy ya estamos en el centro
de una historia sin milagros
deliciosamente pobre
y avara de sus hallazgos
al dios de todas las guerras
no le importan los escándalos
y el dios de las pocas paces
se aburre de su cansancio
dejemos que cunda el sabio
compromiso de los pájaros
y disfrutemos con ganas
las delicias del pecado

Yesterday

Palabra airosa brillante sonora
regada por añoranzas y quimeras
con penurias y júbilos de telón mágico
ésos de neblinosa transparencia
que a duras penas dejan entrever
los simulacros de lascivia
la fosforescente domesticable aurora
la noche atravesada por antorchas
yesterday las gaviotas volaban en inglés
los búhos meditaban en inglés
las muchachas besaban en inglés
glenn abofeteaba en inglés a rita
humphrey y katharine
cruzaban áfrica en inglés
la verdad es que *yesterday* nos desaloja
tierna o despóticamente del ayer
yesterday las nieblas eran sólo londinenses
los rascacielos / la seña de Manhattan
Los terremotos venían de san francisco
y los puentes / de Waterloo o de Brooklyn
las ballenas eran turbiamente blancas
los molinos quedaban junto al floss
yesterday / el prodigio al alcance de todos
o también una alfombra de terciopelo
negro / durante varios lustros
preparatorios
hasta que Natalie kalmus aportó su paleta
yesterday sabíamos que el mal
era frívolo y satánico
y que el bien era frívolo

pero alcanzable
y si no que lo digan hombrecitos de abajo
que llegaban a la gloria y nos miraban
desde nuestros castillos de aire
conservo a qué negarlo
buen recuerdo de *yesterday*
después de todo margaret sullavan
fue mi primer amor (saltó a la fama
precisamente en *only yesterday*)
me llevaba nueve años pero no se notaba
y era arduo disputársela a james Stewart
que me llevaba doce
en realidad *yesterday*
era sobre todo un sueño para otros
algo así como la espuma de la sangre
la esperanza traducida y con erratas
el caudal de vísperas ajenas
que a menudo confundíamos con las
propias
ayer / en cambio
es palabra doméstica y cortita
mera convención para entender
el pasado pisado
es claro que sus cuatro letras
sin laberintos ni acicates
no son equiparables
a las nueve de *yesterday*
su brevedad carece de puentes colgantes
de emotivos llantos con cuentalágrimas
de vigilias bordadas con alucinaciones
de nupcias sensitivas y financieras

ayer es un roedor infinito y sin laureles
saldo de presentimientos y de hogueras
túnel de expiaciones y postrimerías
ayer no colecciona éxtasis ni delirios
pero hace acopio de cicatrices y
entusiasmos
de alegrías de segunda mano
de tristezas que dan la pauta
de esquirlas dc lo real
tal vez su cándida ventaja sea
que para ayer no precisamos
traductores como para *yesterday*
y otra más
que como está sembrado
de días y noches innegables
no provoca espejismos ni confabulaciones
por otra parte ayer no exige desertores
ni del orgullo ni de la vergüenza
ni del sacrificio ni de las transgresiones
quizá por eso los ayeres completos
son una enciclopedia del causante
y cada ayer es una rama
de la arborescente identidad
nadie emigra ni desaparece del ayer
allí están estamos todos
los cuerpos y sus sombras
el misterio y su clave
la pared y su hiedra
el farallón y la resaca
el rumbo y la deriva
la calma y el espanto

yesterday / pasado sin fronteras
ayer es la frontera
yesterday / el mar que fosforece
ayer / el río que nos trae
yesterday / las galas de la historia
ayer / la memoria corriente
yesterday / paraíso de alquiler
ayer / múltiplo de uno

Escondido y lejos

¿Qué te ha dado el pasado?
¿la fuga que te mira en el espejo?
¿aquel fantasma que te desbarata?
¿la sombra de tus nubes? ¿la intemperie?
Rápido como el río ha transcurrido
Pero ocurre que el río no envejece
Pasa con sus crujientes y sus ramas
Sus duendes y su cielo giratorio
Quedaron armoniosos pero inmóviles
Tu mayo tu piedad tus artilugios
Todo el prodigio se volvió espesura
Y la espesura se llenó de tedio
Ya no llueve en tu olvido siquiera
En tu pobre redoma o en las tapias
Aunque el pasado está escondido y lejos
No tienes más remedio que mirarlo

La vuelta de manbrú

Por entonces Mambrú volverá de la guerra

Gerardo Diego

Cuando mambrú su fue a la guerra
llevaba una almohadilla y un tirabuzón
la almohadilla para descansar después de las batallas
y el tirabuzón para descorchar las efímeras victorias
también llevaba un paraguas contra venablos
aguaceros y palabrotas
un anillo de oro para la suerte y contra los orzuelos
y un llavero con la llave de su más íntimo desván
como a menudo le resultaba insoportable
la ausencia de la señora de mambrú
llevaba un ejemplar del cantar de los cantares
y a fin de sobrellevar los veranillos de san
juan un abanico persa y otro griego
llevaba una receta de sangría para
sobornar al cándido enemigo
y para el caso de que éste no fuese
sobornable llevaba un arcabuz y un verduguillo
asimismo unas botas de potro que rara vez
usaba ya que siempre le había gustado caminar descalzo

y un caleidoscopio artesanal
debido probablemente a que marey Edison
y lumiere no habían nacido aún para inventar el cine
llevaba por último un escudo de arpillera
porque los de hierro pesaban mucho
y dos o tres principios fundamentales
mezclados con la caspa bajo el morrión
nunca se supo cómo le fue a mambrú en la guerra
ni cuántas semanas o siglos se demoró en ella
lo cierto es que no volvió para la pascua ni para navidad
por el contrario transcurrieron centenares
de pascuas y navidades
sin que volviera o enviara noticias
nadie se acordaba de él ni de su guerra
nadie cantaba ya la canción que en su tiempo, era un hit
y sin embargo fue un medio de esa amnesia
que regresó en un vuelo regular de iberia
exactamente el miércoles pasado
tan rozagante que nadie osó atribuirle más de un siglo y medio
tan lozano que parecía el chozno de mambrú
por supuesto ante retorno tan insólito
hubo una conferencia de prensa en el abarrotado salón vip
todos quisieron conocer
las novedades que traía
mambrú después de tanta guerra

cuántas heridas
cuántos grilletes
cuántos causus belli
cuántos pillajes
y zafarranchos de combate
cuántas invasiones
cuántas ergástulas
cuántas amnistías
cuántas emboscadas
y recompensas indebidas
cuántas cicatrices
cuánta melancolía
cuántos cabestrillos
cuántas hazañas
y rendiciones incondicionales
cuánto orgullo
cuántas lecciones
cuántos laureles
cuántas medallas
y cruces de chalafonía
ante el asedio de micrófonos
que diecinueve hombres de prensa
blandían como cachiporras
mambrú
oprimido pero afable
sólo alcanzó a decir:
señores
no sé de qué me están hablando
traje una brisa con arpegios
una paciencia que es un río
una memoria de cristal

un ruiseñor dos ruiseñoras
traje una flecha de arco iris
y un túnel pródigo de ecos
tres rayos tímidos y una
sonata para grillo y piano
traje un lorito tartamudo
y una canilla que no tose
traje un teléfono del sueño
y un aparejo para náufragos
traje este traje y otro más
y un faro que baja los párpados
traje limón contra la muerte
y muchas ganas de vivir
fue entonces que nació la calma
y hubo un silencio transparente
un necio adujo que las pilas
se hallaban húmedas de llanto
y que por eso los micrófonos
estaban sordos y perplejos
poquito a poco aquel asedio
se fue estrechando en un abrazo
y mambrú viejo, joven y único
sintió que por fin estaba en casa.

Mario Hamlet Benedetti. (1920-2009) Escritor uruguayo, integrante de la Generación del 45. Su prolífica producción literaria de más de ochenta libros incluye; cuento, novela, poesía, ensayo, canción, teatro y crítica cinematográfica. Algunos de sus libros han sido traducidos a más de veinte idiomas y le otorgaron numerosos premios y reconocimientos, entre ellos el Premio Reina Sofía de Poesía Iberoamericana, el Gran Premio Nacional a la Actividad Intelectual de su país y cinco doctorados honoris causa. En su testamento dejó creada la Fundación Mario Benedetti para preservar su obra y apoyar la Literatura y la lucha por los derechos humanos en Uruguay (en especial el esclarecimiento del paradero de los detenidos desaparecidos de ese país). Desde los catorce años trabajó en la empresa Will Smith, S. A., de repuestos para automóviles, y luego en múltiples oficios para ganarse la vida (recadero, empleado en una inmobiliaria, taquígrafo, funcionario público). El 23 de marzo de 1946 contrajo matrimonio con Luz López Alegre, quien fue su cónyuge hasta el fallecimiento de ella, en 2006. En 1968 fundó y dirigió el Centro de Investigaciones literarias de Casa de las Américas y fue también nombrado director del Departamento de Literatura Hispanoamericana en la Facultad de Humanidades de la Universidad de la República, de Uruguay. Tras el golpe de Estado en Uruguay de 1973, Benedetti renunció a su cargo y abandonó el país, partiendo hacia un largo exilio en; Argentina, Perú, Cuba y España. En 1999 fue galardonado con el VIII Premio Reina Sofía de Poesía Iberoamericana, y en 2005 le concedieron el XIX Premio de la Universidad Internacional Menéndez Pelayo. Falleció en Montevideo a los 88 años de edad.

Rabindranath Tagore: *Últimos poemas* (1861-1941)

La llamada

Una y otra vez me pregunto:
¿En qué lugar junto al camino me esperabas?
¿En qué lugar de un rincón solitario extiendes
tu estera para mí?
Al oír tu llamada en el aire
he corrido por la yerba bañada de rocío
tocada por la luz,
y he buscado entre la música ondulante
del inquieto río.
Una y otra vez he oído tu flauta
donde las nubes de tantos colores
crean su mundo de Maya,
donde sombras juegan con el agua,
y la paloma se arrulla en la rama del asath.
Como si me buscara, sonó tu trompeta…
pero mi mente no despierta del letargo,
y yo no corro a encontrarme contigo,
sino que me consumo dudando ante mi puerta.
He oído tu llamada allí
donde el hombre está humillado,
donde la luz muere en el corazón de los afligidos,
y el prisionero llora en su calabozo;
donde los cimientos de piedra vacilan,
donde el fuego fatuo sacude la tierra
y las cadenas de las Edades están despedazadas

El explorador

¡Oh viajero! Estás solo
¿Cómo podrías ver lo Desconocido dentro de ti?
Durante la noche seguiste el sendero
nunca antes hollado;
viste la señal en el cielo
y sigues solo, subiste a la alta cima
desde donde la estrella del alba
inicia su viaje de luz.
Cuando al calor de abril nace la cascada,
esta tiene una visión de su lejano futuro
¡indescriptible en su belleza!
¡existo! ¡Existo! Brota este estribillo,
y al oír esta llamada
las aguas se precipitan hacia lo Desconocido.
Del mismo modo, un mensaje inefable resuena
dentro de tí,
y en cada aliento resuena la gran afirmación:
¡Existo! ¡Existo!
Grandes rocas cierran el paso
despidiendo el eco del aviso:
¡No, no, no!
Olas resuenan contra la materia inerte,
la duda alza el dedo
¡y el cobarde tiembla!
la mente perezosa conjura el miedo,
y buscando salvación corre hacia la muerte.
En el estrecho sendero de la Nueva Vida,
eres el explorador, ignorando todo límite,

conquistando lo intransitable.
A cada paso resuena la gran afirmación:
¡Existo, existo!
Siempre en movimiento
Con el desesperado grito
¡no sigas!
¿a quién intentas detener?
¿dónde está ese lazo?
capaz de hacer a lo sin límites, limitado?
el mundo es como una corriente que todo lo
inunda,
que corre anegándolo todo
de risas y lágrimas.
¡No, no, no!
Se oye este grito sobre el gran mar del Tiempo,
¡y resuena en el tambor de *Rudra*, el Terrible!
¡oh Mente,
abandona todo deseo, miedo y dolor!...
el río de la creación
no es sino el fluir incesante de la destrucción.
Pasará todo,
pero yo amo,
cuando en su fluir gozoso
destella la sonrisa de la existencia
en el vértice de la destrucción.
Desde la *vina* de la muerte
desparrama la canción de la vida,
amable en su fluir incesante.
De vez en cuando, la lámpara de la eternidad
Tiembla,
iluminando el espejismo de un momento.

El río de lágrimas sin fondo lleva en su corriente
el amor de madre,
y el mensaje del amado;
en el campo de batalla de la destrucción,
el valor del héroe es el tesoro de belleza de la tierra.
La duración del tiempo no mide el peso de la culpa,
que destila el Infinito
en las manos de lo transitorio.
Mientras eso dure
valóralo con toda tu vida.
Cuando la carreta del adiós pase rápidamente,
olvidando la identidad, deja el paso libre,
cantando himnos de victoria.
En esta mínima tierra sientes
dolor, no por lo que está más allá…
existe en el corazón del universo,
bien en una forma, bien en otra;
sal de tu oscuro pozo…
bajo la bóveda de los cielos,
mira la bendita forma de la destrucción.
¡Oh tú, el Afligido!
la burbuja de tu dolor se desvanecerá
en el océano de lo Nunca Triste

Rabindranath Tagore (1861-1941) poeta bengalí, filósofo, artista, dramaturgo, músico, novelista y autor de canciones. Recibió el premio Nobel de Literatura en 1913, convirtiéndose así en el primer laureado no europeo en obtenerlo. Tagore revolucionó la Literatura bengalí con obras como, El hogar y el mundo y Gitanjali. Divulgó el arte bengalí con multitud de; poemas, historias cortas, cartas, ensayos y pinturas. Fue también un sabio y reformador cultural que modernizó el arte bengalí. Dos de sus canciones son ahora los himnos nacionales de Bangladés y la India: el Amar Shonar Bangla y el Jana-Gana-Mana.

Tagore, quien desde muy pronto estuvo en contacto con la sociedad y la cultura europeas, se convirtió en uno de los observadores más lúcidos y críticos de la europeización de la India. En 1878 viajó a Brighton en Inglaterra para estudiar en un colegio privado y más tarde, ingresó en el University College de Londres. Esta inmersión en la cultura inglesa se filtraría en sus primeros escarceos con la tradición de la música bengalí para crear nuevas formas de música. Tagore no aceptó nunca las rígidas normas inglesas ni la estricta interpretación de la tradicional religión hindú eligiendo en su lugar tomar lo mejor de ambas tradiciones.

En 1901 fundó una escuela en Santiniketan (Bengala occidental) donde los estudiantes convivían con su gurú en una comunidad autosuficiente. En un viaje a Japón denunció el chovinismo nacionalista y los nacionalismos beligerantes. Entre 1912-1924 viajó por todo el mundo dando conferencias. A lo largo de su vida, Tagore mantuvo múltiples contactos con otros intelectuales de su tiempo, tales como; Henri Bergson, Albert Einstein, Robert Frost, Mahatma Gandhi, Thomas Mann, George Bernard Shaw, Victoria Ocampo, H. G. Wells y Romain Rolland. En los últimos años de su vida se dedicó también a la pintura.

Poemas sobre la paz a propósito de Ucrania, Gaza y otras guerras

Algunos poetas han utilizado el tema de la paz en sus composiciones para expresar la necesidad de armonía en el mundo.

Mi partido es la Paz de Gloria Fuertes:

Mi partido es la Paz.
Yo soy su líder.
No pido votos,
pido botas para los descalzos
—que todavía hay muchos—.

Gloria Fuertes experimentó en su juventud la tragedia de la Guerra Civil española, lo que influyó en su escritura y en algunos de sus poemas antibelicistas. Este es uno de ellos, perteneciente al poemario: *Mujer de verso en Pecho,* 1995.

Tristes guerras de Miguel Hernández

Tristes guerras
si no es amor la empresa.
Tristes, tristes.

Tristes armas
si no son las palabras.
Tristes, tristes.

Tristes hombres
si no mueren de amores.
Tristes, tristes.

Este poema, incluido en el poemario *Cancionero y Romancero de ausencias* (1958) trata de que las guerras solo traen desgracia y tristeza. La única forma efectiva de resolver conflictos es a través del uso de las palabras, no de las armas.

La primavera ha venido, de Rafael Alberti.

La primavera ha venido
dejando en el olivar
un libro en cada nido.
Vivir leyendo, leyendo
mientras la paz en el mundo
no se nos vaya muriendo.
Paz, paz, paz para leer
un libro abierto en el alba
y otro en el atardecer.

El poeta Rafael Alberti (1902-1999) abordó el tema de la paz en algunos de sus poemas. En este caso, el hablante lírico, explora la idea de la lectura como una herramienta fundamental para conservar la paz.

Pido la paz y la palabra, de Blas de Otero.

Escribo
en defensa del reino
del hombre y su justicia. Pido
la paz
y la palabra. He dicho

silencio,
sombra,
vacío
etcétera.
Digo
del hombre y su justicia,
océano pacífico,
lo que me dejan.
Pido
la paz y la palabra.

Durante su exilio en París, el poeta español Blas de Otero (1916-1979) creó el poemario *Pido la paz y la palabra*, al que pertenece este poema homónimo. Con esta obra inició su etapa más existencial, y en poemas como este se aborda la preocupación por la situación de su país.

Poema al No, de Gloria Fuertes

No a la tristeza.
No al dolor.
No a la pereza.
No a la usura.
No a la envidia.
No a la incultura.
No a la violencia.
No a la injusticia.
No a la guerra.
Sí a la paz.
Sí a la alegría.
Sí a la amistad.

La poetisa española Gloria Fuertes (1917-1998) escribió algunas composiciones para niños en las que reivindicaba la paz. En poemas como este, contenido en el libro *La poesía no es un cuento* (1990), el hablante lírico defiende un mundo sin guerra y sin violencia, ensalzando la paz, la alegría y la amistad. Se trata de una reflexión acerca de la libertad y la importancia de decir “no” a aquello que hace peligrar el mundo.

Solo tres letras, de Gloria Fuertes.

Solo tres letras,
tres letras nada más,
solo tres letras
que para siempre
aprenderás.
Solo tres letras
para escribir PAZ.
La P, la A, y la Z,
solo tres letras.
Solo tres letras,
tres letras nada más,
para cantar PAZ,
para hacer la PAZ.
La P, de Pueblo
la A, de Amar
y la zeta
de zafiro o de zagal.
De Zafiro
por un mundo azul,
de zagal
por un niño
como tú.
No hace falta ser sabio,
ni tener bayonetas,
si tú te aprendes bien,

solo estas tres letras,
úsalas de mayor
y habrá paz en la tierra.

El poemario *El pirata mofeta y la jirafa coqueta* (1988), contiene esta canción para niños en la que la protagonista es la palabra: *paz*. A través de los versos del poema, se refleja la importancia de vivir de manera pacífica y la necesidad de construir un mundo sin guerras).

La paloma, de Rafael Alberti

Se equivocó la paloma.
Se equivocaba.
Por ir al norte, fue al sur.
Creyó que el trigo era agua.
Se equivocaba.
Creyó que el mar era cielo,
que la noche, la mañana.
Se equivocaba.
Que las estrellas, rocío,
que la calor, la nevada.
Se equivocaba.
Que tu falda era tu blusa,
que tu corazón, su casa.
Se equivocaba.
Ella se durmió en la orilla.
Tú, en la cumbre de una rama.

Estos versos de Rafael Alberti están incluidos en su obra *Entre el clavel y la espada* (1941) y fueron escritos durante su etapa de exilio durante la Guerra civil española. Simbólicamente, la paloma es imagen universal de la paz y libertad, y es la protagonista de este poema. En él, el hablante lírico explora el tema de la confusión y desorientación del ave en el proceso reiterado de búsqueda.

Vendrá un día más puro que los otros,
de Jorge Carrera Andrade

Vendrá un día más puro que los otros:
estallará la paz sobre la tierra
como un sol de cristal. Un fulgor nuevo
envolverá las cosas.
Los hombres cantarán en los caminos,
libres ya de la muerte solapada.
El trigo crecerá sobre los restos
de las armas destruidas
y nadie verterá
la sangre de su hermano,
El mundo será entonces de las fuentes
y las espigas, que impondrán su imperio
de abundancia y frescura sin fronteras.
Los ancianos tan solo, en el domingo
de su vida apacible,
esperarán la muerte,
la muerte natural, fin de jornada,
paisaje más hermoso que el poniente.

En su obra poética *El hombre planetario* (1959), Jorge Carrera Andrade (1903-1978) presenta un mundo esperanzador con poemas como este. En él, sugiere un ideal de mundo en el que la violencia y las guerras no existan.

VII, de Pablo Neruda

¿Es paz la paz de la paloma?
¿El leopardo hace la guerra?
¿Por qué enseña el profesor
la geografía de la muerte?
¿Qué pasa con las golondrinas
que llegan tarde al colegio?
¿Es verdad que reparten cartas
transparentes, por todo el cielo?

En el *Libro de las preguntas* (1974), obra póstuma de Pablo Neruda (1904-1973), se recogen algunas cuestiones poéticas que escribió el autor chileno y que no tienen respuesta. En estos versos, se pregunta sobre la naturaleza de la paz y de la guerra.